天皇の捨て子〝沖縄〟を生きる

菊に挑んだ沖縄

一般社団法人
琉球島嶼文化協会 代表理事
山城 幸松
Komatsu Yamashiro

彩流社

目次

第Ⅱ部　くすぶる熾火《おきび》

第Ⅲ部　坂下門騒乱事件の真実

序　章

＊人生の中で忘れられない日

人は誰しも人生の中で忘れられない日をもっている。

私の場合、その日とは一九七一年九月二五日である。一九七〇年代の初め、学生運動、いわゆる新左翼運動は、その過激さゆえに大衆からの支持が得られることもなくなり、各セクト間の主導権争いは命のやり取りにまで発展する「内ゲバ」の色彩を濃くしていた。

この新左翼運動の組織の崩れと動揺は、私たち沖縄出身者が組織した「沖縄青年委員会」（沖青委）でも同様の様相を呈していた。

一九七二年五月一五日の本土復帰の日を目前に控え、沖縄闘争という新左翼運動を仕掛けて高揚していた各セクト同様、私たち沖青委も陣営の混乱状況の壁をブレークスルーさせるための新しい行動を起こし、沖縄の青年の存在意義を世に問う必要を迫られていた。

私たち沖青委の設立意義の一つが、「沖縄の正義を為すこと」であり、これまでの新左翼の行動原理とは異なる画期的な戦略、つまり「天皇による沖縄県民への謝罪」を通して「天皇の戦争責任」

を断罪する世論を日本中に巻き起こすことであった。

そのための旗印の一つとして、立案した戦略が、皇居敷地内に突入し「正々堂々と逮捕されること」によって、「逮捕後の裁判を通して私たちの思いを世に問う」ことであった。

後に「坂下門騒乱事件」と称されるこの「事件」は、沖縄が被った戦争の苦しみ、その原因をつくった昭和天皇に対し、自分たちの身を捨て、敢えて闘争の場を法廷に持ち込むことであった。日本では公的な意味において触れることのできない天皇制のあり方の議論を日本全体に巻き起こすことであった。

昭和天皇の戦争責任は、天皇制の是非とは直接関係はないが、新左翼運動を主導していたメンバー同士でも、しばしばこの両者を混同した議論がなされることが多かった。天皇制と昭和天皇の戦争責任とは別個のものである。

しかし、天皇制が昭和天皇の戦争責任を曖昧にし、かつ、マッカーサーのGHQが戦後統治のために「昭和天皇を利用する政策」を採用したことによって、昭和天皇の戦争責任も天皇制の議論も消滅してしまった。

マッカーサーによる天皇の政治利用により、昭和天皇はその命を永らえることが出来たが、マッカーサーの思惑が無ければ、昭和天皇は連合国によって裁かれた極東軍事裁判で死刑になる可能性もあった。

天皇制は、近代日本で残されている封建制の遺物とも言える制度でもあり、日本国憲法第十四条に定められている法の下の平等とも相容ないことを忘れてはならない。

この「坂下門騒乱事件」は半世紀前の一九七〇年代初め、ベトナム反戦闘争や沖縄返還などの一連の騒動が日本各地で頻発した時代の出来事である。太平洋戦争における沖縄戦で県民の犠牲は二〇万人もの多きを記録し、日本は戦争で初めて敗戦という苦汁を味わった。

更に敗戦後、世界的な勢いで天皇制と真逆に在る共産主義勢力による革命が激しさを増し、それに怯えた昭和天皇は、一九四七年の夏にアメリカ軍基地として沖縄を永遠に租借させるという約束手形を発行し、日本と天皇制（自身の命）の安泰のために、日本の防衛をアメリカに丸投げした。東アジア反共の砦として格好の位置にある沖縄を提供した。

一九六八年の日米交渉によって沖縄返還が決まると佐藤首相は沖縄県民に対し祝賀ムードの盛り上げのため、天皇の権威を改めて欧米に印象付けようと勝利者である欧米各国への皇室外交をもって演出した。

当時の佐藤首相は、復帰の祝賀挨拶において、

「二七年間の歳月がかかったが、敗戦で失った沖縄の領土を平和的に取り戻した」

「沖縄が返ってこなければ戦後の日本は終わらない」

と誇らしげに沖縄の本土復帰を宣言した。そして後に佐藤首相は、日本人として初めてのノーベル平和賞を受けた。

ところが事実は、アメリカ軍基地をそのまま残したままの日米政府の沖縄返還政策であった。

本書は、この時の政権に真っ向から抗がい、正義感と激しい情熱を胸にした青年・学生たちのや

むにやまれぬ運動の記録であり、この事件をきっかけに「沖縄の正義と自由」を希求するかつてない集団を生み出した「沖縄青年の物語」でもある。

第Ⅰ部　天皇の捨て子・沖縄

第1章　戦後憲法の光と闇

＊天皇家と戦後憲法

昭和天皇は戦後、日本国憲法に「象徴」として規定された。しかし、戦前の天皇は憲法上「国家権力」「統帥権」の最高意思決定権者であり、かつ遂行者として太平洋戦争、そして避けることが出来た沖縄戦の悲劇を生み出した最高責任者であった。

敗戦後の一九四七年五月三日に施行された日本国憲法で、政治への介入や政治的発言を行えない象徴の地位に逃げ込んだにも拘わらず、一九四七年九月「天皇メッセージ」により、沖縄を差し出し、アメリカ軍に対する基地提供など、日本におけるアメリカ軍の活動を長期にわたって望んだ当事者でもある。

日本は交戦権を否定された憲法により、国家の安全保障をアメリカに依存することになった。その結果として日米安保体制の下、沖縄が日本に返還された後も「核持ち込みの密約」などで、核軍事基地を承認するなど、アメリカが意図した、あらゆる戦後アジア政策に積極的に加担する。

象徴天皇の「担保の民」として沖縄県民は、戦後アメリカに統治され二七年間の長きにわたって、異民族支配を受けることにより、反米日本復帰闘争を否応なく経験することになった。

＊平成天皇が意識する天皇の象徴性

象徴天皇制について、平成天皇は「私は即位以来、昭和天皇を始め、過去の天皇の歩んできた道に度々思いを致し、また、日本国憲法にある『天皇は、日本国の象徴であり日本国民統合の象徴』であるという規定に心を致しつつ、国民の期待に応えられるよう願ってきました。象徴とはどうあるべきかということはいつも私の念頭を離れず、その望ましい在り方を求めて今日に至っています。なお、大日本帝国憲法下の天皇の在り方と日本国憲法下の天皇の在り方を比べれば、日本国憲法下の天皇の在り方の方が天皇の長い歴史で見た場合、伝統的な天皇の在り方に沿うものと思います」と述べられた。

象徴天皇として生まれながらにその地位を継承した平成天皇と、日本の敗戦という歴史によって否応なく象徴天皇の地位に追いやられた昭和天皇との間には、自ずと天皇の象徴性に対する意識が違っていた。

＊憲法改正は自民党の悲願

現在の日本国憲法は、アメリカが主体となった連合国軍（ＧＨＱ）が策定し、敗戦国日本が国体の維持（天皇制護持）を最大限の条件とした譲歩と妥協の産物である。

憲法は国家としての国のあり方、治世のあり方など国体そのものを定義付けしている。

その日本国憲法の根幹をなすのは第一条の「象徴天皇制」と第九条の「戦争放棄と戦力不保持」

である。

最大の特徴である第九条では、

国権の発動たる戦争と武力の行使は…永久にこれを放棄する（第一項）。

陸海空軍のその他の戦力はこれを保持しない。国の交戦権はこれを認めない（第二項）。


と明記している。

その交戦権と戦力を保持しないという戦争放棄の徹底性は、憲法に平和条項を入れている国はあるが、ここまで徹底した条項を掲げているのは世界中を見渡しても存在しない。

日本国の防衛はアメリカの軍事力なくしては、成り立たないという、およそ独立国家としては極めて稀有な特殊性を有している。

＊敗戦後の天皇制維持を目的に作られた日本国憲法

ＧＨＱの指導よって作りあげられたこの日本国憲法は、天皇の権威を政治的に利用し、日本の「民主化」を推し進めようとしたアメリカと、敗戦国日本にとっては、象徴であっても天皇制維持が盛り込まれ、結果的に日米双方にとって敗戦の混乱による共産主義革命の阻止を望んでいた両者の絶妙な落としどころとして誕生した。

敗戦国日本にとっては、これ以上の答えは望むべくもなかった。

一九四五年一〇月に発足した政府の憲法問題調査委員会は、大日本帝国憲法に謳っている天皇制の基本原則を変えることはなかった。

しかし、この日本案は一九四六年二月一三日、GHQのホイットニー民生局長より、完全否定され、GHQによって極秘に作成されていた草案が提示された。

ホイットニーは「これを受け入れなければ天皇のPerson（身体・命）を保証できない」と恫喝した。

当時、アメリカのギャラップ社の世論調査では、アメリカ国民の約六割が、昭和天皇を戦争犯罪人として訴追すべきだという意識を持っていた。

マッカーサーは、敗戦処理内閣であった幣原首相に次のように述べた。

「天皇制を存続しせる（天皇の命を救う）最も確実の方法はただ一つ、新しい憲法のなかで、天皇をシンボルとすること、戦争を放棄すること、軍隊を持たないことを明言することだ」

幣原は、マッカーサーに「天皇制は絶対に存続させたい。そのために日本は戦争を放棄し軍隊を持たないことを選択する」と言って応えた。

こうして、新憲法は、昭和天皇の戦争責任を免責し、ソビエト共産主義革命に怯えた天皇の命を保証し、天皇の地位を象徴として位置付けた。そして、この「象徴天皇制」のもとで、「戦争放棄」「軍隊の永久放棄」を謳い、過去との決別を世界に宣言した。

アメリカにとっての最大関心事は、戦後の日本の統治、その効率化のために天皇の権威を利用すること。それと並んでソ連や中国の共産主義の膨張、すなわちドミノ化の阻止であった。

ソ連がいつ日本に南下してくるか分からない。中国はいつ朝鮮半島に侵攻するか分からない。ソ連と中国の野心を牽制するには日本にアメリカ占領軍が駐留し続けることが必要だった。

＊憲法九条とアメリカ軍の駐留

戦争放棄を謳った第九条とアメリカ軍の駐留は表裏一対であり、どちらが欠けても存立しえなかった。第九条を受け入れることで、日本という国家は天皇を救い日本の防衛をアメリカに一任したのである。

吉田茂元首相らは、「日本が自国を防衛する自衛権まで許さないなら、アメリカに守ってもらえばよい。私たちは防衛を気にせず、経済の復興と発展のために全力を投入することができる」と割り切り、ＧＨＱ憲法を歓迎した。

人権国家を標榜するアメリカはＧＨＱに財閥を解体させ、明治政府の行った大地主の農地独占も解体し、土地を小作人に解放するという革命的改革を断行した。

同時に、男女同権に基づいて女性にも参政権を与えるなど、人権や人間尊重の民主的政策を推し進めた。今の常識では考えられないことだが、当時の日本共産党は占領者たるアメリカ軍をなんと「解放軍」とみなし、協力的であった。

戦前の日本は、国の統治を天皇が握る絶対主義的天皇制のもとで国民の自由は制限され、農民は封建的な地主制度に縛られ、労働者は独占資本主義によって虐げられ、利益は資本家に集中していた。日本は敗戦により国の仕組みが民主主義体制に替わるとともに、自由主義経済によって成功の機会が与えられ、それを最大限に利用して経済大国となった。

マレーシアのマハティール首相はかつて「Look East（日本を見習え）」と叫び、アメリカの社会学者エズラ・ヴォーゲルは、戦後の日本経済の高度経済成長の要因を分析した著書「*Japan as Number One*」で日本を称えた。日本は、国家として、また戦後復興をやりとげた日本人としての誇りと自信を回復していった。

こうして戦後七〇年間、日本はアメリカの庇護とＧＨＱ憲法のもとで、平和の理想を格調高く貫き、戦争を経験しない経済先進国として成長し続けた。

この憲法は戦後七〇年間、日本国民が慣れ親しみ、憲法の持つ矛盾点を都合よく解釈して使いこなしてきた。GHQが作った云々という次元をもはやこえた存在である。

だが、この憲法が作られた当時と現在では、日本を取り巻く国際環境が大きく変わった。日本を守ってきたアメリカの軍事力に限界が見え始め、リベラリズムと相容れない中東ではイスラム原理主義者がテロ化し、西欧の価値観に挑んでいる。また、中国が軍事大国となり、北朝鮮までもが核兵器をもつようになった。

日本の「戦後憲法」の建付けを保証しているアメリカは、いまや多額の貿易赤字を抱え、財政状態も火の車である。それ故、建前として日本国存続のための安全保障体制（日米安保）維持そのものにも困難さが見え隠れするようになり、日本政府はアメリカ軍の駐留経費を「思いやり予算」として肩代わりしている。

そして歴代の首相の役割は、国際社会（特にアメリカ）の海外派兵の要求を如何にして避けるかに知恵を絞ることであった。

要は、アメリカの対外戦争に日本は経済協力だけではなく、日本の自衛隊をも戦闘に参加させろと要求してきている。

隣国の韓国は、ベトナム戦争において、六四年から七三年まで延べ約三二万人もの兵士や技術者を戦地に送り、二〇〇五年の韓国国防省の発表によれば、約五〇〇〇人が戦死し、アメリカの韓国に対する評価の高さの源ともなった。

韓国は日韓条約による有償・無償援助に続く、ベトナム特需とこの人的犠牲により「漢江の奇跡」と言われる経済成長を果たした。

安倍首相が望む憲法第九条の改正とは、アメリカの核の傘の下で張り子のトラ化していた日本の軍事力（自衛隊）を公認し実戦投入できるよう、その強化をアメリカから突き付けられていることでもある。

＊安倍首相によって貶められた屈辱の日

全ての沖縄県人の心をえぐる出来事が起きた。二〇一三年に第二次安倍内閣によって定められた「主権回復の日（四月二八日）」の制定が、それである。

第二次世界大戦の敗戦によってＧＨＱの占領下に置かれた日本は、一九五二年四月二八日サンフランシスコ講和条約の発効によってアメリカの占領状態から脱した。

しかし、沖縄は依然としてアメリカの施政下に置かれたままで、沖縄が日本の一員として主権を回復したのは、二〇年後の一九七二年のことである。

従って、この主権回復の日である四月二八日を沖縄では「屈辱の日」と呼んでいる。

沖縄は日本国を構成している。従って、沖縄が日本に返還され、完全に日本の独立が達成されたと見なされる一九七二年五月一五日を主権回復の日に制定するのが筋であり道理である。

沖縄の立場を見下した差別的本質が、安倍首相が表明した「主権回復の日」の制定日に表れていると言わざるをえない。

沖縄をサンフランシスコ条約の取り決めにより、二七年間アメリカ軍の統治下に置き、現在に続くまで基地の島として沖縄を位置付けたのが戦後レジームの実態である。

そもそも、沖縄は昭和天皇によって遺棄され、名目上のみ同盟国日本に返還されたに過ぎない。

＊総選挙と安倍首相の深謀遠慮

自民党綱領の一つに「自主憲法制定」がある。

二〇一六年の総選挙では自民公明の与党が大勝し、憲法改正の手続的な条件を満たすことになった。

憲法施行七〇周年の節目となった二〇一七年、安倍首相は、日本会議が主導する「美しい日本の憲法をつくる国民の会」などの改憲集会にビデオメッセージを寄せ、「二〇二〇年を新しい憲法が施行される年にしたい」と表明した。

しかし、安倍一強長期政権の驕りか、自民党には不祥事が続き、当の安倍首相においても、自ら竹馬の友と呼ぶ、学校法人「加計学園」の加計孝太郎理事長が今治市で進めている獣医学部新設における便宜提供の疑惑、また、学校法人「森友学園」の忖度問題と併せて追及されている（二〇一八年八月現在、通常国会閉幕と併せて幕引き状態）。

更には一部大臣の当事者能力の欠如や議員の不倫などの不祥事により、二〇一七年の都議会議員選挙では小池都知事率いる「都民ファーストの会」に歴史的な惨敗を帰して支持率も大きく低下した。

この状況では議員の頭数は維持したとしても、憲法改正などは夢のまた夢となってしまう。

ところが、安倍首相の強運は、ここでも発揮される。野党民進党の内部崩壊である。

都議会選挙で大負けした自民党以上に打撃を受けたのが民進党、このままでは次の選挙で負けると読んだ民進党議員の離党ドミノの始まりは堰を切ったかの如くであった。

それに追い打ちをかけたのが、民進党幹事長の内定を受けていた女性議員の不倫スキャンダルである。民進党の崩壊、小池新党の準備不足のスキを突き、安倍首相は今なら勝てるとして、憲法改正はそっと隠して二〇一七年一〇月の解散総選挙に打って出た。

小池東京都知事が立ちあげた「希望の党」が議席を増やしても、小池知事は憲法改正の保守政治家であり連携できると踏んだのである。結果は小池都知事の「希望の党の合流に際し、誰もかれもではない（憲法改正に反対する者は）排除します」の一言により小池新党は惨敗してしまう。

そもそも、総理大臣による衆議院の解散権、このように権力の都合でいとも簡単に行使できるものなのだろうか？　衆議院の解散権は、憲法六九条では「内閣不信任決議の可決に対する対抗処置」として認められているだけであったが、一九五二年に吉田内閣が、憲法七条の天皇の国事行為に衆議院の解散があることを根拠に抜き打ち解散を強行、以来、歴代内閣がこれを踏襲し、自身に都合の良いタイミングをはかって解散を行ってきた。

この憲法七条に定める天皇の国事行為の実質的運営権者は内閣であるから、従って天皇に解散を助言するという機能を使い解散できるという本来ならありえない解釈である。

ここでも第九条同様、憲法は矛盾点を内包し、しっかりと天皇制の権威を覗かせている。

第九条の政治的解釈による専守防衛では、海外派遣を実施するためには、安保法制の枠内という縛りがあり、安倍首相にとって、アメリカの要請による海外派遣ができないということは極めて不都合である。

ＧＨＱの趣旨からいえば、憲法改正を専守防衛に絞ったとしても、自衛隊が憲法上その存在が認められる方向での改正ならアメリカとしては大歓迎である。アメリカに従属化した自衛隊を使った軍事基地の強化こそアメリカの狙いである。

＊憲法第九条と補完関係の日米安保条約

日米安保条約の本質は、敗戦国日本がＧＨＱから押し付けられた戦後憲法と一対として背負わされた条約であることに気づいていない日本人は意外に多い。

戦力の不保持と交戦権を放棄させられた憲法第九条を押し付けられた日本にとって、日本の安全と防衛は日米安保条約によりアメリカが守ってくれると錯覚しているのが大多数の日本人である。

ＧＨＱ即ちアメリカは、帝国日本の牙を憲法第九条で抜き、その代わりに日米安保条約で日本の防衛に責任を負うようなふりをしている。

一九五二年以来、島根県の竹島が韓国に実効支配され、一九五七年ソ連が歯舞諸島の貝殻島を実効支配したが、日本は憲法第九条の縛りで武力行使は出来ず、日本を守るハズと「日本人だけが考えている」日米安保による対抗措置をアメリカは取らなかった。

実は、この時に結ばれていた旧安保条約には日本の防衛義務を謳っておらず、その片務条約を改定した七〇年の新安保条約でも、アメリカが日本を守るか否かはアメリカの運用次第（アメリカ議会次第）である。

直近の例として、沖縄県尖閣諸島は日米安全保障の対象地域としているものの、尖閣諸島への漁民（民兵）や公船、航空機による領海空侵犯があっても、アメリカが乗り出すことはない。

安保条約の実態はアメリカのアジアにおける対共産主義防衛の基地提供とその経費の負担であり、基地の自由運用のために航空機の管制権などまで規制している。

正しくアメリカンファーストの条約であり、日本の防衛は二の次である。

様々な意見があるにしろ、日本の国際的な安全の建付けは、名目上憲法第九条と日米安全保障条約が担ってきた。憲法をどのように改正しようと日米安保条約があるかぎり、自衛隊の運用は、あくまでアメリカ軍の武力の下で強制される。北朝鮮と対峙している韓国も同様である。一九六〇年と一九七〇年の二度にわたる日米安保条約改正を挟んで、敗戦から今日まで日本の安全保障はアメリカに全面依存の状態を継続している。

日本が戦後七〇年、戦争を経験しなかった点においては正しい選択であったが、その一方では憲法第九条と経済発展の引き換えに、アメリカによって日本の自主防衛体制づくりを放棄させられたことも事実である。

今もって、保守本流を絶えずジレンマに落とし込めている二つの壁が、悩ましい憲法問題と日米安保体制である。日本は今までもそしてこれから先も、敗戦という事実を背負い、日本の防衛をアメリカに委ね、日米安保条約を引きずって歩む他ないという現実を直視する必要がある。

日米安保条約は、その条約でアメリカが軍事行動を起こし日本が守られる訳ではない。日米安保条約が存在することだけが担保である。しかしその担保は、担保権の行使が難しく、また担保割れするリスクもある。

＊憲法改正は沖縄基地強化を意味する

憲法問題は、ここ沖縄では選挙の争点としては極めて小さい。沖縄での国政選挙では、この数年間、常に普天間飛行場の辺野古移設問題が争点となっている。

二〇一二年の衆議院選挙では、自民党沖縄県連が県外移設を独自公約とし、自民党候補が四小選挙区のうち三選挙区で勝利したが、二〇一四年の衆議院選挙では、自民党沖縄県連が安倍政権の説得を受けて移設容認に転じた結果、沖縄の選挙区全てで敗退している。

また県知事選挙においても、辺野古移設反対の翁長雄志が移設容認の現職の仲井真弘多を破り当選。沖縄では辺野古移設容認の候補は勝てないというジンクスが覆ることはなかった。

沖縄では今や、憲法改正や第九条の戦争放棄論議には無関心を装っている。

拙著『沖縄を蝕む「補助金中毒」の真実』（宝島社新書）に詳細は記述してあるが、これまでの県知事選挙、国政選挙の姿とは表面上、保革の対立を基本構造とし、いかに国から沖縄振興予算を引き出すかという錬金術システムの継続こそが大きな命題であった。

その錬金システムの「ネタ」が米軍基地であり、沖縄問題の全ての出発点でもある。

辺野古移設反対を声高に叫んで知事の座を得た翁長氏は、もともとは保守本流を自負する政治家であり、那覇市長当時は、最も右寄りの政治家で辺野古移設推進派のど真ん中にいた人物で、沖縄の米軍基地強化に直結する憲法九条改正も積極的に推進していた。

翁長知事としては憲法問題よりも、振興予算をいかに多く獲得するかが沖縄の選挙のテーマであり、アメリカ軍基地反対という姿勢は振興策を多く獲得する手段とし存在している。

翁長知事の「反政府姿勢」の時流によって、二〇一四年の衆議院総選挙で自民党候補者は比例で復活当選したものの、選挙区では全滅、更に二〇一六年の参議院選挙で、自民党の沖縄選出である現役閣僚が落選する始末であった。そして沖縄の自民党は参議院選挙でも全滅という結果に追い込まれてしまう。

憲法第九条を改定し自衛権を明確にすることは、必然的に自衛隊の強化、基地の再整備につながり、米軍基地が縮小されたとしても自衛隊基地の拡大を必須とする。米軍基地と自衛隊基地の関係は相関関係にあり、沖縄が基地の島として存在していく事実に変化は全くないのである。

＊沖縄に対する補助金と米軍基地のリンク

自民党の菅官房長官は、アメリカ軍普天間飛行場の返還に伴う辺野古の新基地建設の進展が、沖縄関係予算の査定に影響を及ぼすとの考えを示した。

これまで政府と県が否定してきた米軍基地問題と沖縄振興の「リンク論」を認め、翁長知事との対立が続いた場合、振興予算を減額する可能性を示したのである。

政府と県が馴れ合ってきたアメリカ軍基地と振興予算の関係において、政府はついに本音を前面に押し出してきた。

前知事の仲井真氏との間で合意した、向こう一〇年間、沖縄振興予算は三〇〇〇億円台を保証するとの約束までは破らないであろうが、基地迷惑料の一種である泡盛等の酒税の軽減措置は期限を決めての政策であり、その期限は数度延長され更新は微妙な状態であった。

普天間飛行場の辺野古移設に反対する翁長知事に対する牽制の意味もあり、二〇一七年の更新時期延長は難しいのではとの声もあったが、政府は九度目の延長をおこなった。延長を見送った場合、県内消費量が一六・一％減少する可能性があり、大半が赤字に陥る可能性が高いことがその理由である。

そうなると、沖縄にあるトラストを組む四七社の泡盛メーカーの恐らく半分は廃業に追い込まれる恐れがあるとも言われているが、現状の酒税の水準でも四七社のうち一五社が赤字であり、官製談合とも言われている強固な規制に守られているのが泡盛業界の実態である。しかし肝心な泡盛の消費量は全く増えていない。いやむしろ減少している。

迷惑料に依存し、消費量の拡大に努力を怠っていると言われても仕方がない業界体質である。沖縄の泡盛メーカーが束になっても、「いいちこ」の三和酒類や「黒霧島」の霧島酒造などの売上げにかなわない。

政府が米軍基地問題と沖縄振興の「リンク論」を認めるということは、沖縄が普天間飛行場の辺野古移設に反対するのであれば、振興予算は減額するぞというある種の脅迫であり、事実、翁長が知事の座に就いて以来、沖縄振興予算は毎年減額されるという憂き目に遭っている。

今の沖縄の保守勢力にとって票にならない憲法改正問題はタブーである。

憲法改正を第一義に進める安倍首相は、沖縄（翁長）に対して、アメとムチをうまく使い分け、「辺野古問題」の「棚上げ」を巧妙に図りながら、安倍首相と保守本流を自負する翁長知事は、それぞれのポジションをうまく演じ分けた。しかし、本稿執筆中の二〇一八年八月八日、翁長知事が死去。高度な政治的駆け引きで安倍首相とわたりあってきた翁長知事であったが、志半ばにてその思いは潰えたかに見えた。

しかし、翁長氏の遺志を継ぐとして知事選挙に立候補した玉城デニー氏が自民党などの与党の応援を得た佐喜真淳氏を大差で破って当選した。

翁長氏の死去は選挙に極めて大きなインパクトをもたらした。最近では辺野古移設反対のみで県政をつかさどってきた翁長陣営にとって、その有効な解決を見いだせず県民の支持も徐々に失いつつあった。

「オール沖縄」でまとまっていた翁長派の勢いも失速し、県内各地の市長選でも翁長派は負けを重ねていた。更には「オール沖縄」に参加していた地元企業の離反も相次ぎ、翁長知事の次は無いと呟かれていた矢先だった。

しかし、翁長氏の任期途中で死去により、その負けのムードは一転して「弔い合戦」へと高まり形勢は一変した。

翁長氏の死去は、翁長派最大の危機を一気に好機へと転換させた。

まさに三国志にみる「死せる孔明、生ける仲達を走らす」のごとく、「死せる翁長、生ける安倍を走らす」結果をもたらした。

しかし、孔明の率いた蜀《しょく》は結局、強大な魏《ぎ》によって滅亡してしまう。沖縄の失業率、貧困問題、若者の犯罪率、子どもの学力低迷などは今回の選挙戦ではお互いにスローガンとして唱えるのみで、論じられることもなく終始した。玉城デニー新知事が直面する多くの内憂外患の課題は山積したままである。

一方、日米両政府にとって普天間基地が使えている現状において、辺野古基地反対の動きは許容範囲であり、保守本流の真の狙いは憲法改正による沖縄基地における自衛隊の強化である。

現実は、沖縄の二大新聞（沖縄タイムス・琉球新報）が辺野古基地反対にのめり込んでいる間隙を縫って、政府は与那国島への監視隊設置に続き、宮古島には四〇〇名規模のミサイル建設のための基地建設が決定し、更には石垣島にも自衛隊配備の計画を立てていることに注目しなければならない。

第2章　天皇と沖縄

＊天皇の生前退位

沖縄が、振興予算を巡って辺野古移設でもめているタイミングで、全く次元が異なり、かつ全国を驚愕させる事柄が発生した。

二〇一六年七月一三日、午後七時の「ＮＨＫニュース７」が天皇陛下「生前退位」のご意向を突如報じ、八月八日には、ビデオメッセージにて、直接国民に生前退位のお気持ちを陛下自ら表明されたのである。陛下は「既に八十を越え、次第に進む身体の衰えを考慮する時、全身全霊をもって象徴の務めを果たしていくことが、難しくなるのではないかと案じています」と語り「憲法の下、天皇は国政に関する権能を有しません」と述べたうえで、象徴天皇の務めが途切れることなく安定的に続くことを念じるとし、「国民の理解を得られることを、切に願っています」と締めくくった。

しかし、皇位継承や摂政に関して定めた法律「皇室典範」には退位に関する規定はなく、天皇が自ら退位に言及することは、憲法四条で定められている「天皇は国事行為のみを行う」の条文に反する可能性がある。また、憲法第二条、第五条に基づいて定められている法律である「皇室典範」の制度変更を、天皇自ら示唆する旨の発言と捉えられる含みをもたせた可能性もある。

従って、天皇が自ら生前退位の意向を表明すること自体、憲法違反と指摘する専門家もおり、それだけ天皇の発言には重みと制限がある。

憲法第二一条で日本国民が保証されている、何でも自由に話せる国民の権利「表現の自由」は、天皇には当てはまらない。

結局、政府は憲法改正にも皇室典範の改正にも手を付けず、特例法案を草案し二〇一七年（平成二九年）六月に提出可決された。退位の時期は二〇一九年（平成三一年）四月三〇日と決定した。

明治以降初めて天皇と上皇が同時に存在する時代となる。

皇室典範を改正することなく、特例法によって天皇の生前退位を認めることは、憲法二条に反しているので違憲だとの声もあったが、憲法改正や皇室典範改正に正面から取り組めば、議論が長期化し、健康の不安を表明されている天皇に引き続き公務の負担を強いる結果となる。この感情論によって憲法違反の特例法を通したことになる。

＊天皇と政治活動

このように、天皇と皇族は、憲法の下では政治的な発言は一切できない。当然のこととして選挙権も無い。職業選択の権利も無く、公務を拒否することもできない。天皇は世襲と定められ、即位を拒むこともできない。ある意味、基本的人権を喪失せしめる制度が現在の天皇制の一面でもある。

皇室は戦前戦後を通して敬愛し拝跪する存在である。

戦前は天皇を現人神とし、天皇の名の下、国民を戦争に導き、戦後は象徴天皇に形を変えたものの、天皇の権威と皇室に対する尊敬の気持ちに変化は生じなかった。

ＧＨＱ最高司令官マッカーサーは天皇の権威を利用し、混乱のるつぼにあった日本の統治にその権威を最大限利用した。

それ以降、特に皇室における婚姻などの慶賀が、政治的な難局が発生するタイミングで不思議と生まれ、時の権力に対する緩衝材になるという奇妙な法則性が生まれた。

日本が高度経済成長の波に乗るきっかけとなった一九六〇年の日米安保成立の混乱期を前にした五九年に皇太子と美智子様の「世紀の恋」と言われた結婚があった。

直近では憲法改正の動きや、国民のプライバシーに踏み込まないと法律の趣旨が成り立たない、天下の悪法「テロ等準備罪」などの強い国民の不満に対しても、秋篠宮眞子様の婚約などが世の中の空気を和ませた。この奇妙な偶然性は、結果的に時の政治権力に味方することになった。

この天皇の生前退位は、昭和天皇が生み出した昭和の時代の筆舌しがたい数々のドラマが遠のいていく出来事でもある。

＊本土復帰前の沖縄の天皇に対する感情

本土に返還される前の沖縄では、天皇に対する感情は今とはかなり異なっていた。

本土決戦を回避した日本指導部と本土決戦を覚悟した軍指導部の時間稼ぎとして捨石にされた沖縄は、戦後もアメリカ軍による統治下にあり、アメリカ兵による犯罪も多発し、困難な状況に置かれた。従って沖縄の人々のすべてが天皇に対して敬愛の念を持っていた訳では決してない。七〇年代の新左翼運動が掲げていたスローガンには、「打倒天皇制」という文言がプラカードやビラなどに溢れていた。

当時は、天皇制や天皇の戦争責任などは左翼運動の古くからのテーマとして存在していた。このテーマに沿って最初に行動を起こしたのは、左翼でもなく、たまたま左派の論客を多く輩出した沖縄の国頭郡本部地域出身の男である。その男の名は富村順一。

終戦時は一五歳、その後、窃盗・暴力行為などの犯罪を幾度となく繰り返した人物である。

富村は、一九七〇年七月八日「東京タワー占拠事件」を引き起こす。

その日、富村は東京タワー見学中の米人宣教師を人質にとり次のように叫んだ。

「日本人よ、君たちは沖縄のことは口を出すな」

「天皇は第二次世界大戦で三〇〇万人を犠牲にした責任をとれ」

この事件により懲役三年の実刑を受けるが、獄中から弁護団と交した手紙が『わんがうまりあ沖縄』として出版されると、一躍左翼のヒーローとして脚光を浴び、左翼作家あるいは沖縄の文化人として持ち上げられた。

この東京タワー占拠事件を起こした富村の行動の動機は、「社会が悪い」、「ヤマトが悪い」、「天皇が悪い」と言った恨みの感情にあった。

一九六八年二月に在日韓国人二世の金嬉老が静岡の寸又峡の旅館に立て籠もり、自身の殺人事件を在日韓国人や朝鮮人への蔑視発言問題に拡大し、謝罪要求を行った事件とよく似ている。

金嬉老事件は特にテレビの実況放送によって差別問題としてクローズアップされたのだ。

本土の沖縄差別や基地問題などがバックボーンにあるとはいえ、富村の恨みの感情が引き起こした天皇を題材とした直接行動は、当時の左翼運動ではタブーとしていた雰囲気にあった。天皇問題は触れる事のできないテーマだった。

この時代、左翼の天皇制に対する反対運動の実践は間接的な印刷物の中の常套句として存在していただけであった。しかし、この富村の起こした事件は、少なからず沖縄の学生運動に影響を与える。

本土の党派は富村を全面的に受け入れ、沖縄系のセクトも同様に本土への恨み節《ぶし》が共通している富村を受け入れるようになる。

富村の天皇を糾弾していくスローガンに戦前、戦後の虐げられた沖縄の姿を垣間見た。

富村と私たちは、天皇の問題をその旗印とした点は同じであるが、私たちの皇居突入という直接行動は、裁判闘争という手段により、天皇の戦争責任や、戦争が止められなかった立憲民主主義の不備など、戦争が引き起こされたプロセス全体を世に問い、沖縄にだけ行幸されなかった事実を世に問いたかったのであり、動機も目的も全く違っていた。

それ以降、メンバーの大半が沖縄出身者で占められていたセクトでも、様々な形で天皇や天皇制に対してのアジテーションや直接行動がとられていく。その先駆けとなったのが、新左翼運動のベンチマークともなった皇居突入事件であった。

その直接行動の中でも、最も過激かつ衝撃的な事件が、一九七二年五月一五日の本土の復帰三年後に起こった、一九七五年七月一七日、沖縄県糸満市の戦跡ひめゆりの塔で発生した平成天皇（当時皇太子）と美智子妃に向かって火炎瓶を投げつけた事件である。

この事件のあとに、一九七五年一〇月三一日、昭和天皇は自らの言葉で太平洋戦争に関して次のような発言をしている。日本記者クラブ主催「昭和天皇公式記者会見」の場にて、中国放送東京支社の秋信利彦記者の「戦争終結に当たって、原子爆弾投下の事実を、陛下はどうお受け止めになりましたのでしょうか」という質問に対し、「遺憾には思うが、戦争中のことであり、広島市民には気の毒であるが、やむを得ないことと思う」と公然と答えた。

原爆は、軍事施設を目標にしたのではない。一般市民を標的として投下された。

戦時中だから一般市民の日本人の犠牲はやむを得ないという発言は広島や長崎の市民、いや日本人全ての感情と相容れない。

また、「ザ・タイムズ」の中村康二記者の「陛下は、所謂戦争責任について、どのようにお考えになっておられますか、お伺いいたします」との問いに対して、「そういう言葉のアヤについては、私はそういう文学方面はあまり研究もしていないので、よくわかりませんから、そういう問題についてはお答えができかねます」と開戦の当事者でありながら、戦争責任を言葉の「あや」として他人事のごとく答えたのだ。戦争責任に対し、天皇自らの言葉で発言した最初で最後のコメントが「戦争責任とは言葉のあや」だった。

天皇は、表立っては自身の戦争責任を決して認めることはなかったが、共同通信が天皇の侍従だった故小林忍氏の遺族から日記を入手、二〇一八年八月二三日その一部を報道各社に公開すると、新聞各社が一斉に「天皇が戦争責任を巡る苦悩を漏らした」と報道した。

一九八七年四月七日の日付の欄に、天皇の発言として「仕事を楽にして細く長く生きても仕方がない。辛いことを見たり聞いたりすることが多くなるばかり。兄弟など近親者の不幸に遭い、戦争責任のことを言われる」と記述されている。

昭和天皇はこの年の九月に体調を崩され、翌一九八九年一月七日に崩御される。まさしく晩年の天皇の心の内が吐露されている資料である。

私たちが昭和天皇の戦争責任の糾弾とその最も大きな犠牲を強いられた沖縄に対する謝罪を求めて、皇居突入という直接行動は天皇の身上に少なからずの波紋を起こしていた。

皇居突入事件から一六年の歳月が経っていた。昭和天皇は天皇という立場上か、戦争責任に言及することは無かったが、最後まで戦争責任について気にかけていた心情が確認できる。

第3章　本土新左翼の手を借りた沖縄

＊六〇―七〇年代にみる新左翼運動（ベトナム戦争反対闘争）

この時代の皇室に対する反感や、過激派と称された新左翼運動とはどのような力学の中に位置づけられていたのか？　改めて新左翼運動とは、と問われると、一九六〇年代から七〇年代にかけて花火のように一瞬の激しさを残し、そして泡のように消滅していった、戦後の日本社会における学生を中心とした政治運動の到達点であり、かつ限界点でもあった。

アメリカが本格介入したベトナム戦争は、北ベトナム軍の支援を受けたベトナム解放戦線（ベトコン）側有利のまま最終局面を向かえつつあり、国際情勢全体にもその影響が色濃く反映されていた。一九六四年八月に成立した佐藤内閣は、ベトナム戦争への協力加担に深入りし、日米安保条約の拡大解釈と運用によって、特に沖縄は兵站として兵員や武器補給の前線基地となり、日本の船舶まで輸送に使われ、沖縄の嘉手納基地からは、連日B-52爆撃機が北ベトナム爆撃のために離陸した。日本無しにベトナム戦争の遂行は困難といわれるほど、日本はベトナム戦争の総合基地としての役割を担わせられ、その軍需効果もあり、日本は引き続き高度成長を謳歌していく。

当然のこととして、この日本政府のアメリカのベトナム戦争追随に対する同意し難い感情が学生を中心に生まれ、ベトナム反戦闘争が激化していく。

要は、儲かれば戦争でも何でもしてもかまわないという不義に対する若者の怒りのようなものがあった。

前線基地である沖縄ではB-52の墜落事故もあり、祖国復帰運動と結びついた米軍基地撤去が高まりをみせた。

＊沖縄をテーマ化した新左翼運動

沖縄を巡っての新左翼運動は、六〇年代中頃までは、本土では政治闘争の課題として存在していなかった。しかし、沖縄の本土復帰、ベトナムに向けて爆撃に向かうアメリカ軍基地の存在は、本土の新左翼運動家に対して、沖縄をテーマ化する魅力的かつ垂涎なステージを提供した。

沖縄の問題は沖縄で解決すると意気込む沖縄出身者の活動家を横目に、本土から新左翼活動家が乗り込む機会を与えた。

新左翼とは、一九五〇年代半ば以降に欧米などの先進国と同様に、日本でも従来の日本共産党や日本社会党などを「既成左翼」と呼んで批判し、より急進的な暴力革命を掲げて、直接行動や実力闘争を重視した運動を展開する諸勢力が、特に大学生などを中心に台頭してくる。

その結果、一九五八年に学生たちが日本共産党と決別し、「共産主義者同盟」（ブント）を結成した。ＢＵＮＤ（ブント）とはドイツ語で「同盟」を意味している。そして、ブントは一九六〇年の日米安全保障条約改定をめぐる反対運動（安保闘争）での中心を担った。

六〇年日米安保条約とは、それまでアメリカに基地を提供する義務のみ負わされていた日本であったが、アメリカの日本防衛を義務化させ、日本は後方基地の提供を義務付けられる条約に変わった。

日本の防衛をアメリカに完全に委ねた追認の条約であった。

第4章　学生運動の流れ

＊新左翼運動の系譜

さて、六〇年安保闘争後、ブントもまた分裂・統合を繰り返し、学生運動は五流一三派（後には二二派）と呼ばれるほど様々な新左翼党派が、様々な自派のヘルメットを被り、ゲバ棒を振るって勢力を競い合うことになる。ゲバ棒とは、ゲバルト（暴力）＋棍棒の造語である。

また、五流とは、革共同系、共産同系、社青同（革労協）系、構改派系（ソ連派も含まれる）、中国派系である。これらの党派は、各大学の自治会を拠点化しながら党勢を拡張していく。

一九六五年、大学側の学費値上に反対する第一次早稲田闘争は、瞬く間に全国の大学へ伝播していった。続いて、一九六八年、東大における医学部闘争、安田講堂占拠事件が起き、続いて大学の経理不正問題を巡って日大闘争が起きる。

一九六九年には全学連とは別に全国組織としての全国全共闘が結成され、三派全学連と提携した学生運動はゲバ棒とヘルメットという過激さのマントを被り、燎原の火のごとく燃え盛った。

いわゆる日本の高度経済成長がはらむ「怒れる若者」のリアクションであった。

日本の共産党や社会党が民衆に幸福を与えるどころかソ連やコミンフォルムが言うままの存在に

成り下がり、世界中で反ベトナム戦争など、反体制運動が巻き起こっているにも拘わらず、反対運動の実践などを行わない「言うだけ」の組織に安住している既存体制への不満、焦燥感として学生運動を牽引したリーダーたちの思いは、爆発した。そして、この運動を文化として後世に継承させたいと思っていた。

＊新左翼組織にみる内ゲバ

火炎瓶が飛び交う「革命前夜」を思わせる沖縄闘争をめぐる攻防戦は、先陣争いをめぐって、陣営の後ろから鉄砲玉を打ち込む内ゲバという「挟撃戦」を引き出した。

新左翼の指導的な立場にあった革共同系の中核派の正式名称は「革命的共産主義者同盟全国委員会」。革マル派の正式名称は「日本革命的共産主義者同盟革命的マルクス主義派」である。

中核派書記長の本多延嘉と革マル派議長の黒田寛一は、革命的共産主義者同盟全国委員会（後に中核派と革マル派に分裂する）を共に結成した盟友である。

しかし、両派による内ゲバは近親憎悪の様相を呈し、より悲惨な結果をもたらした。

内ゲバは、自らが産み出したガン細胞を叩くために始まった闘いであり、結果として両セクトの正常細胞を破壊するという副作用を産み出した。大量の党員やシンパの戦線離脱は、組織の弱体化を加速し、崩壊へ通じる坂道を転げ落ちるという力点を作動させた。

倒産間際の企業で優秀な社員が会社に見切りをつけたのと同様、手段の目的化により、戦う相手をとり違えた戦略的誤りかつ致命的な誤りをひき起こした。

中核派、革マル派の両セクトに至っては、新左翼運動を牽引するトップランナーとしての役割を自ら放棄し、新左翼運動におけるトップブランドを汚した事実は犯罪的でもある。

両セクトによる主導権争いは、革命の時間を前進させるどころか更なる後退を生じさせただけにすぎなかった。「戦後七〇年、革命いまだ見えず」である。

今でも、両派の活動家は存在しているが、高齢化が進み、闘争の目標は大衆受けする、「反原発」「辺野古の海を守れ」など、市民活動の衣を被った活動家として、掲げる旗の色を赤（左翼）から緑（環境）に変えてしぶとく生きながらえている。

第5章　沖縄闘争

＊本土とは異なるイデオロギー、沖縄版新左翼運動（沖縄闘争）

本土で、新左翼運動が過激さを増していったこの時代、沖縄でも本土復帰運動や沖縄独立運動と絡み合い沖縄版新左翼運動が盛んとなっていった。

沖縄は、そのバックボーンに独特の要素を内包していた。

沖縄は琉球の時代には薩摩島津氏の侵攻を受け、王国とは名ばかりで幕藩体制に組み込まれ、明治維新後の琉球処分によって名実ともにヤマト（大日本帝国）に併合され、太平洋戦争末期の沖縄戦では、県全体で民間人も含んでの戦死者は約二〇万人、実に県民の四人に一人が亡くなる悲劇の舞台となった。

戦後はアメリカの統治下に置かれ、朝鮮戦争が勃発した一九五〇年（昭和二五年）六月から一九五三年七月の三八度線の分断決定で休戦するまで三年以上も、連日連夜、沖縄の米軍基地から爆撃機が飛び立つなど、アメリカの戦争の片棒を担がされた歴史を持っている。

沖縄の左翼運動は、基地の要塞化を急ぎ進めるアメリカ軍に対抗するために、一九五〇年代後半の軍用地接収反対の「島ぐるみの闘争」、六〇年代中期の主席公選闘争、教公二法阻止闘争（教職員の政治活動の制限や勤務評定の導入阻止）などの運動を起こし、その後、本土復帰やベトナム戦争加担阻止などで、本土の過激派と共闘した運動に舵を切ることとなる。

沖縄の左翼運動家は、従来の返還運動や復帰運動と異なる自らの闘争に対して、「沖縄闘争」という呼称を使った。

それまでの左翼運動と異なった運動の質を探すとすれば、沖縄人民の解放というテーマに直結する「返還（復帰）」の実現という目標を掲げることである。

この運動が最も頂点に達したのが、復帰前年の一九七一年一一・一〇ゼネスト「沖縄返還協定の批准反対運動」であった。

沖縄県民が切望していた本土復帰反対の理由は単純かつ明快である。

県民が望んでいたのは「即時無条件全面返還」であった。すなわち、沖縄にあるすべての米軍基地を撤去し、かつ、核兵器も引き揚げ、返還に何ら条件をつけることなく、全面的かつ直ちに返還を望むというものであった。しかしながら沖縄県民の要求は無視され、日米安保条約の延長が条件付けされ、復帰しても米軍基地は残り、さらに沖縄に新たに自衛隊を配備させるというのが「返還」の実態であった。しかも有事の際には核の持ち込みを容認する密約までも交わされていた。

その時代はベトナム戦争の最中であり、世界的にベトナム反戦運動が渦巻き、本土の新左翼運動の過激さもピークを迎えていた時でもあった。

一九六九年二月四日、一部の左翼セクトは沖縄最初の火炎瓶攻撃を敢行するなど急激に過激化していった。琉球警察は本土から機動隊の装備を輸入し、警備体制の強化を図った。

「沖縄返還協定の国会批准を一週間後に控えた一九七一年一一月一〇日、全沖縄軍労働組合、沖縄復帰協の母体である、教職員、公労協など公務員組合を中心に一四万六五〇〇人が、沖縄全土でゼネストを決行し、当日の沖縄は全島で麻痺状態となった。

沖縄県祖国復帰協議会は那覇市内で県民大会を開催し、七万人がデモに参加した。

沖縄返還協定批准反対運動のデモ行進

これに乗じた新左翼系の一部の過激派は、火炎瓶やゲバ棒を携行し、デモの途中、泊高橋にある派出所や天久にある米軍施設に向けて火炎瓶を投げ込むなどの実力闘争を繰り返し、泊高橋派出所が炎上するなどの過激な行為を展開した。

沖縄返還を翌年に控え基地を残したままの「本土復帰」に対して、「官」と「民」が一つになった沖縄の人々の反対の声が頂点に達した歴史的な瞬間であった。

この事件の少し前頃から、沖縄の学生は、多かれ少なかれこの新左翼運動に影響を受けるようになる。

かく言う私も、その洗礼を浴びることとなった。

第Ⅱ部　くすぶる熾火《おきび》

第1章　反米少年たちの巣立ち――異民族支配への抵抗

＊沖縄戦　焦土からの出発

私の戸籍上の誕生日は一九四七年二月一一日、紀元節（建国記念日）になっている。

一九四七年は太平洋戦争が終結して二年目、まだまだ日本全国が混乱と混迷の様相を呈していた時であり、まして沖縄は後に「鉄の暴風」と称されたアメリカ軍の激しい空襲や艦砲射撃によって、全てが焦土と化し、住民台帳も灰燼《かいじん》に帰すほど役所も廃墟の状態であった。

使用された砲弾の数は、アメリカ軍側だけで約二七〇万発、手榴弾約三九万二〇〇〇発、ロケット弾約二万発、機関銃弾約三〇〇〇万発弱にのぼる厖大なものであった。

上陸からは約二週間で本島北部はアメリカ軍に占領され、日本軍が主戦場と考えていた本島中部では、実質四〇日間で壊滅状態となった。戦いはその後も約一カ月間続き、日本軍が南部に追い詰められてからは、米軍の無差別な攻撃により、住民も次々と殺害された。

沖縄戦がより悲惨なのは、軍人よりも住民の命が多く失われたという事実である。

沖縄戦に投入された戦力は、アメリカ軍が約五四万八〇〇〇人、日本軍は約一一万六〇〇〇人である。

武器の質と量などを勘案した戦力差はアメリカ軍が日本軍の一〇倍以上であり、更に言えば日本軍一一万六〇〇〇人のうち、二万数千人は、沖縄の住民による急ごしらえの「防衛隊」や、中学生や高校生の生徒たちでつくる「学徒隊」であり、軍人にカウントされているが多くは一般の民間人である。

女子学徒で編成された「ひめゆり学徒隊」、一四歳以上の男子学徒で編成された「鉄血勤王隊」など、二一の学徒隊が作られ、その多くが沖縄の大地に散っていった。

日本軍は、個々の戦闘レベルでは善戦した戦いもあった。

日本軍の少年兵

現在、海外に出なくとも免税品が購入できるとして観光客を集めているDFS沖縄のある那覇新都心地区は、米軍からシュガーローフの丘（日本名：安里五二高地）と呼ばれ、その後方には日本軍の総司令部が置かれた首里城の西前衛にあたる戦術上の重要拠点であった。

今では沖縄新都心として、高層マンションが立ち並び、おしゃれなショップが立ち並んでいる高級住宅街でもあるが、沖縄戦では、この狭い地域のシュガーローフの戦は、日本守備隊の独立混成第四四旅団配下の部隊が、進撃してきた米第六海兵師団を迎撃した沖縄で最も激烈な戦闘が行われ

DFS沖縄の向こうに見える現在の丘

一面焼け野原となったシュガーローフの丘

た場所である。

日本軍は、シュガーローフの三つの丘に極めて巧妙に防御陣地を構築して善戦、夜ごと夜ごとに海兵隊を撃退し、丘の主は一週間で一一回も変わった。それほどの激戦であった。

この戦いで海兵隊側は、二六六二名の戦死傷者と、一二八九名のPTSD者（戦闘疲労患者）を出したとされている。土地を掘り返せば人骨を始めとして砲弾の破片など多数の戦跡遺物が見つかるし、地元の古老は「あんな場所は、人が住む土地ではない」と、今でも語っている。しかし、日本軍の個別の戦闘による奮戦もむなしく、圧倒的な物量の前に、沖縄は壊滅していった。沖縄本島で残った建物は五％、生き残った三五万人の住人は強制的に収容所に送られた。

旧軍人は捕虜収容所へ、住民は難民収容所に収容された。

各収容所では、アメリカ軍により、市長メイアー（Mayer）、民間警察CP（Civilian Police）が任命され、物資の配給、住居建設作業の手配、軍命令の伝達、収容地区内の治安維持などにあたった。また、一般の者は、畑に残った作物の収集や残存家屋の解体、移転予定地での建設などに従事させられた。また特に男子に限り、

沖縄の難民収容所

死体の処理やＤＤＴ散布などの作業に駆り出された。一九四五年の収容地区と人口は以下の通りである。

石川市　　二万三〇三三
辺士名市　二万九四九七
田井等市　五万五二六六
漢南市　　二万七六六一
宜野座市　三万七三三六
古知屋市　一万九一九四
久志市　　二万九〇二七
瀬嵩市　　二万八六八〇
前原市　　四万一八三
胡差市　　一万二八六
知念市　　一万七九一四
平安座市　　七九九二
合計　　三三万五七六九（人）
（『沖縄市町村三十年史上巻通史編』昭和56年より）

そして必死に生き延びていた住民にわずか

な食料しか与えず、劣悪な衛生環境の中で、栄養失調と病気で約一割が死亡した。

沖縄全域を占領した米軍は、軍用地として必要な土地を確保すると、基地の建設を進める一方で、不用となった地域を住民に開放し、居住地及び農耕地として割り当てた。住民は各地に置かれた収容所から戦後生活を始めていった。

収容所からの解放は、一九四五年一一月から徐々に始まり、全員が解放されたのは一九四六年に入ってからだった。

生活用品は、米軍の配給物資に頼らざるを得なかったが、それでも物が不足し、米軍物資の抜き取りが公然と行われた。沖縄戦による戦争孤児は、一九五四年一月の琉球政府調査によると、沖縄本島で三〇〇〇名に達していたが、その実態はさらに多いと推察されている。

これらの戦災孤児は、アメリカ軍の収容所や孤児院に押し込められ、一部は戦災により生活基盤を失った住民と共にアメリカ軍の配給物資を盗み出し、かろうじて糊口をしのいだ。

一方で、廃材を利用した生活用品が作られていった。コーラやビールの空き瓶がコップに、メリケン袋が下着に、焼夷弾の残骸が灰皿に、パラシュートがウェディングドレスに姿を変えた。

今、沖縄のお土産として重宝されている琉球ガラスの工芸品のルーツは廃瓶の再生品である。

＊南洋群島における沖縄県民の玉砕

沖縄戦に先立ちウチナンチューは移民した先々で、悲惨な玉砕戦を皇民の一員として強いられた。

もともと沖縄は、貧困から移民が多かった。ハワイにいた日系人は一九四一年には、約一六万人、うち沖縄県人は約一万三〇〇〇人を占めており、当時の日本人の約一〇％であった。ハワイに限らず、当時の海外移民の中心を成していたのは沖縄県民（北部山原地方出身者が大半）であった。当時、沖縄では毒をもつ植物ソテツを食して命を落とす者が続出する「ソテツ地獄」と言われるほど農村はすさまじい困窮に見舞われ、人々はそれから逃れるために積極的に移民に応募した。

この積極的な移民化が結果として、後の沖縄戦の悲劇の前章ともなる南洋群島での玉砕である。この玉砕戦に巻き込まれた死者数は約一万五〇〇〇人、ほとんどがサイパン、テニアンであり、全体の死者のうち八五％にあたる約一万三〇〇〇人が沖縄出身者であった。南洋群島の被害の実態は沖縄県民の被害であり、沖縄人は沖縄戦の前にも本土の捨石として犠牲になった。

沖縄人は、ここ南洋群島でも被差別者として扱われ、本土の空気を読んだパラオの現地人は、沖縄人を「ジャパン・カナカ」と呼んで蔑視した。

ジャパン・カナカとは、チャモロ人がカナカ人を下に見ており、チャモロ人からみて、本土人に蔑視されていた沖縄人をジャパン・カナカと呼んだのである。

南洋群島に来た沖縄移民は、「棄民」でもあった。

沖縄移民は、日本人のカテゴリーにも含められず、南洋群島統治三〇年の行き着いた先は、玉砕の島での悲惨な結末だった。振り返れば、太平洋戦争の主戦場は中国（満州）ともう一つ太平洋の島々であった。

南洋群島の島々は「海の生命線」と呼ばれた重要な位置に存在した。

今の中国が南シナ海に線引きをし、核心的防衛線かつ領海とする九段線と同様のラインであった。

この南洋群島は、一九一四年、第一次大戦による敗戦国ドイツから奪取した島々であり、旧ドイツ領マーシャル、マリアナ、カロリンの三諸島と東西約五〇〇〇キロメートルの広大な海域である。

南洋群島の皇国化のために多くの日本人の居住が必要となり、その役割を担ったのが製糖作業に慣れている沖縄人であり、移民の六割を占めた。

特に、パラオで製糖事業に成功した南洋興発は、「海の満鉄」といわれ「北の満鉄、南の南興」と称されたほどであった。また、製糖事業と同様、漁業も沖縄移民が占め、そのほとんどが沖縄の海人《ウミンチュ》である糸満出身者であった。

こうして南洋群島は第二の沖縄となっていった。

生き残った南洋群島の沖縄人は、日本の皇民化政策で築き上げてきたすべての財産を捨てて、焼け野原になった米軍支配下の故郷沖縄へ引き揚げざるをえなかった。

＊日系二世の第四四二連隊戦闘団

更に悲劇は、アメリカ南北戦争当時、奴隷からの解放と自己のアイデンティティーを求めた黒人たちによって編成され、多くの戦死者を出した第五四マサチューセッツ連隊の悲劇と重なる日系人部隊第四四二連隊の存在である。

この沖縄出身者を含めた日系二世で組織され、ヨーロッパ戦線に投入された第四四二連隊は、バンザイ部隊とも呼ばれ、イタリア戦線ではバンザイと叫びながら敵地に飛び込み大きな犠牲を出しながら功績をあげた。特にドイツ軍に包囲されていたテキサス大隊二一一名を救出するために、第四四二連隊戦闘団の二二一六人が戦死、六〇〇〇人以上が重傷を負うなどして、最も勲章を多く授与された部隊と称されたが、これだけの犠牲を払っても戦後においては、アメリカ国内で多くの差別を受けたのである。

日系二世の第四四二連隊戦闘団

彼らが勇敢であったのは、日本人としての勇敢さというより、何よりアメリカに忠誠心を尽したかったからである。それは彼ら自身と彼らの父母達がアメリカ社会で十分に認めてもらえていなかったことによる。彼らの父母を含めて多くが、アメリカの市民権があるにも拘わらず、敵性外国人と見なされて強制収容所に収容されていたからである。

ここまで書くと沖縄戦で学徒兵として徴兵された少年少女達の姿とが重なり、自ずと涙が溢れてくる。

第2章　混乱と貧しさの戦後沖縄

＊因縁付きの誕生日

このような混乱の時代であったこともあり、終戦後二年目の一九四七年に生まれたとされている私も、しばらくは無戸籍者状態であり、母のノブが出生届を提出したのは、一九五四年（昭和二九年）一月の戸籍整備法による戸籍登録が始まった時だった。

しかしながら、本当の誕生日ではなく、妹とも同じ、紀元節（建国記念日）の二月一一日を誕生日として届けられた。

後に、母は「二月一一日にすれば、お前の誕生を国中がお祝いしてくれるじゃないか」と私たちに語ってくれた。

私の正式の誕生日は一九四七年六月一八日、那覇の三原教会で生をうけた。この六月一八日は、沖縄にとっては沖縄戦でのいわくつきの日であった。

沖縄戦の終結の僅か五日前、六月一八日に沖縄南部の喜屋武にて米軍最高司令官バックナー中将が、自分の指揮下にある、第八海兵連隊を視察している最中に戦死した。

アメリカ軍の公式文書によれば、日本陸軍の野戦重砲兵第一連隊が放った榴弾《りゅうだん》砲により戦死した。

バックナー中将の死は、アメリカ軍人で二次世界大戦中における最高位の戦死者であった。沖縄戦の戦局は、バックナー中将の死によっても変わることなく、沖縄守備軍の牛島満中将が摩文仁の洞窟で自決するまで続くのだが、勝利を目前に最高司令官を殺されたアメリカ軍の怒りは凄まじく、沖縄全島が火の玉に包まれたと言われているほどの猛攻を受けた。

母の一族は、沖縄北部の与那覇岳山奥に避難していたが、アメリカ軍艦載機グラマンF6F、通称ヘルキャットの凄まじい機銃掃射を受け、祖父（ターリー）が胸を撃ち抜かれ即死。親族二〇数名が死亡した。母親はかろうじて生き残り、白旗をもって山を降りた。

視察中のバックナー中将（左）

母が役所への届け出を本当の月日である六月一八日と異なった日を選んだのは、アメリカ軍の怒りによって死亡した祖父の無念が私に乗り移らないよう配慮を重ねた結果であった。

母が育った奥間地方には、悪霊、疫病、厄、ヤーバ（悪い矢）を避けるため、本当の生誕日を伏せて、仮の誕生日をもうけるマービー（隠れ日）の習慣があった。

二月一一日に誕生日の届け出を行った理由は、沖縄独自のユタによる勧めがあった。母方の親戚は首里王府で霊能力をもち、豊穣祈願や、厄を払うなどの祭祀を行い、神を憑依させる依代となる神職「ノロ」の一族につながっており、母もその血筋を引いたのか、子供の頃から霊感が強く、その霊感故に周りから幼少の頃は、ノロと似ている民間の霊能力者「ユタ」にちなんで「インダー＝ユタの子」と呼ばれていた。

インダーは、そのまま母のあだ名となり、親戚の人たちも母をインダーと呼んでいた。

私も母の霊感を受け継いでいたのか、親戚の葬儀の場で、しばしば亡くなった霊が私に憑依したのか、「こっちは綺麗な青いお花が沢山咲いているよ」などとくちばしったり、踊ったりしたようである。もちろん、私はそのようなセリフを言った記憶も、踊った記憶も無い。

母は、小学校への入学のこともあるのでユタに相談したところ、「子供（幸松）がターリー（祖父）の恨みを背負うことになり、いろいろな悪霊がかぶってくる。六月一八日は仮生まり日で、ターリー達に相談したら、国の生まり年（紀元節）がよい」とのお告げによって決定されたという。

今、思えば琉球王朝から続く伝統のユタが、琉球王朝から天皇王朝へ替わっているのに、少しおかしな事象とも思われるが、ユタも時代の流れに迎合するのかもしれない。母は、私の誕生を首里の観音堂へ奉告し、その足で役所へ向かい、誕生日を紀元節に合わせて出生届を提出した。

後年になり、ものごころがつくと私と同じ紀元節が誕生日という友達が周りに何人もおり、不思議と思っていたが、今思えばユタが勧める誕生日の定番の日だったのかもしれない。

＊沖縄のライフコンサルタント「ユタ」

ユタは沖縄独自のシャーマン（霊媒師）であり、相談者の依頼に応じて、霊的なアドバイスを与える。現在でも、沖縄全土に五千人のユタが存在すると言われている。沖縄では、就職、家の購入、結婚など何でも相談を受ける身近なプロのアドバイザーである。

沖縄ではユタについて次のように言われている。

「医者半分、ユタ半分」「男の女郎買い、女のユタ買い」即ち、自分の気持ちが納得するまでユタのハシゴをするため、ユタに費やすコストも馬鹿にならない。このことが、これらの言葉の語源である。

ユタ

私は、小学校低学年の時、那覇市の波之上海岸で何回か溺れた（大量の海水を飲み込んだ程度だったが）。その都度、正装させられ、母に手を引かれて首里の観音坂を上ると、そこにはユタが二〜三名待っていて、落とした「魂＝マブヤー」を入れる儀式が執り行われた。
マブヤークモイ（クモイとは込めるの意味）の儀式と言い、私は溺れたときに魂を落とした者にさせられ、気の抜けた顔をして、ユタが「マブヤーマブヤー、イッチクヤー、マブヤー（落ちた魂、逃げた魂戻って来い）」と祈祷を受ける。その儀式の最中、笑ってしまって母にきつく怒られた記憶がある。
そのため、祈祷中はぐったりした顔をしている必要があり、最後にユタが「マブヤーが帰ってきて本人の体にはいったからもう大丈夫」との宣言で、私がニコッと笑って小芝居と儀式が終る。

あとはご馳走とお小遣いをもらう儀式であった。何回も経験しているので、魂の抜けた芝居も慣れたものであった。ユタは祈祷のお陰で笑顔が戻ったと思い、母もそう思っていたので、私が芝居をしているとは口が裂けても言えなかった。

＊私の両親の特異性

私の父、山城幸喜は一九〇一年（明治三四年）、国頭村の奥間で生まれた。

奥間は与那覇岳（沖縄島で一番高い山）を水源とする比地川によってもたらされた肥沃な三角洲地帯で、沖縄北部の最大の米生産地域（ウクマターブッカ＝奥間田んぼ群）であり、琉球王朝による沖縄北部支配（山林資源の独占）の戦略的拠点であった。

アメリカ軍は占領と同時に、沖縄支配の要として米軍将校専用保養基地とＶＯＡ（ボイスオブアメリカ、極東共産圏向けの反共放送局）を奥間に設置する。基地返還後は、ＪＡＬの奥間ビーチ・ヴィラオクマとして使われている。

奥間は、奥間カンジャヤー（座安家＝ザース＝座主）の間切（支配地）で、もともと鍛冶屋集落であった。鉄と森林利権の支配により東（あがり）座安家は、琉球王家の代々の軍事委員長を務めた。

沖縄の鍛冶屋（鉄軍事集団）の家元である奥間カンジャヤーは長男が引継ぎ、次男は首里で軍事を司る重臣として国頭御殿が与えられた。

後年、琉球が島津の影響下に置かれて、大坂夏の陣では島津は豊臣方についた。その際、国頭御殿の嫡流・国頭左馬頭正弥は島津旗下の武将として出陣している。

しかし、琉球から関が原はあまりにも遠く、関ヶ原の戦いも僅か半日で終了するなど、関が原に到達する前に国頭左馬頭正弥の戦いは終わっていた。

座安家の家譜を辿っていくと、山城家（森林の管理）、山川家（河川の管理）、大田家（水田の管理）に分家していて、座安家による資金援助により、大田政作（早稲田大学政経学部）、山城幸喜（陸軍憲兵学校）、山川朝賢（中央大学）が東京へ留学した。

日本返還前の行政府である琉球政府、第三代目行政主席で、沖縄自由党の党首となった大田政作は祖母の従兄弟にあたる。

父は、陸軍中野憲兵学校を卒業後、熊本第六師団に所属する。

終戦は中国海南島で迎え、沖縄に引き上げて、国頭村辺土名の米軍捕虜収容所に収監され、米軍の食糧管理の業務に携わった。

山川朝賢は、京都を本部とする宗教団体「大元教（大本）」に参加したが、満州事変の勃発などの時代の波を受け、新興宗教は政府による弾圧を受けることになり、山川も治安維持法により逮捕された。釈放はされたものの、釈放当日に特高警察によって大元教本部他全ての施設がダイナマイトなどを使って破壊されてしまう。山川は、その後、結核を患い沖縄に戻って療養するが、その甲斐もなく病死した。

奥間など国頭地方は森林資材が豊富であり、製糖の盛んな沖縄にとって森林資源は経済の基盤でもあった。この資源は、琉球王府の時代より杣山（模合山）として厳しく管理されていた。

しかし、この資源を私物化せんとする特権階級がここでも台頭するようになる。

一八九二年に第四代沖縄県知事に就任したのは薩摩（鹿児島）出身の奈良原繁である。奈良原は没落した旧琉球士族の生活救済のためと偽り、民間に払い下げられることが確定していた情報を悪用し、村（間切）が管理していた山林を騙し取るという杣山問題事件を引き起こす。厖大な官有地を私物化し、特権階級に売り渡すことを画策した。

払い下げの申請者は、本土の政治家始め王府の高官などの金持ち特権階級であった。

その当時、県の技師として土地調査委員を務め、払い下げの許認可権をもっていた謝花昇は知事と対立し、そのため左遷されたが、その後社会運動家として県政の改革を志すことになる。

この杣山事件を経験した国頭地方は、戦後の日本共産党を再建した徳田球一はじめ多くの左派活動家を生み出す土壌となった。

母親のノブは、奥間桃原村（首里桃原の寄留地）の玉村家（屋号、ヌンヤージョウ小（一門）＝ノロ屋門小）であり、奥間ノロ一門の出身である。奥間ノロ殿地（ヌンドゥンチ）は、首里王家の神霊の頂点に王の妃后を戴き、宗教的支配の手段として作った奥間（間切）の女性祭事組織である。

軍事の奥間カンジャヤー（座安家）と両輪となった王朝の支配システムで、首里の玉陵（タマウドゥン、王家の墓）へは定期的に参拝を義務づけられていた。

そのしきたりは私が小学校の頃まで残っており、戦争で破壊され墓石が転がる首里の玉陵の墓庭にて、一族による清明祭（ウシーミー）が催され、それに参加したことも、記憶に残っている。

母親のウガン（巡礼）コースは、夏草に埋まる礎石だけが残る守礼門、崩れた石門にガシュマルの根が張った園比屋武御嶽、園比屋武の裏下に覗く焼け枯れた赤木に挟まれた鉄格子の第三二軍日本軍司令部壕入口、アメリカ軍の砲撃によって龍樋《りゅうひ》の池の中に沈む、首から折れた龍の口、そして最後に、玉陵の後ろにある現首里高校の学徒兵の霊が眠る「一中健児の塔」であった。私は、昆虫取り網を持ちながら、白ゆりと橙色のコシュクワ（野生のグラジオラス）が咲き乱れ、群れなす霊の空間を、母親の背中を求めて追いかけた。時には「一中健児の塔」で、首里高校（旧一中）合唱団が歌う「てんさぐぬ花」（＝ホウセンカの花）、「桑の実」（宮良長芳作曲）の鎮魂の場面に出会うこともあった。

首里城地域の復元が進んでいくと、琉球政府文化局の管轄に置かれ、玉陵への出入りが禁止されたが、それでもしばらくの間は、陵外で祭事を行っていた。

首里の龍樋《りゅうたん》の森に焼けただれて残っている赤木の株根の上に被さるように細い根を巻き始めたガジュマルを見るたびに密かな楽しみを子供心に感じた。

母と父は、収容所で同じ食料の差配を行っており、その頃知り合あった。お互いに戦争で、家族を亡くし失意のドン底にいたもの同士、助け合い惹かれあっての再婚であった。

母は、収容所から解放されて帰ってみると、撤去された実家跡地に米軍の食料配給センターと奥間キリスト教会が立てられており、そのまま教会の仕事に従事することになる。
沖縄各地に作られた教会は、食糧難に喘いでいた沖縄の人達への米軍物資の分配場と占領軍の宣撫工作隊的な役割を担っていた。

＊アジア救援公認団体

戦後の日本は、沖縄も含めてどこもかしこも物不足の時代であり、沖縄県民の生活も、アメリカ軍の配給に頼って生きながらえた。アメリカによる沖縄復興の支援資金はガリオア資金として知られているが、アメリカ政府の援助とは別途の宗教団体を中心とする海外事業運営篤志団をアメリカ協議会が、日本・韓国及び沖縄の救援事業を行うために特別委員会として設置した。

終戦直後の混乱した地域に無秩序に民間の団体が、救援物資を送ることは不公平や紛失などが予想されたためである。その団体は「ララ」、アジア救援公認団体と呼ばれ、本土はもちろん沖縄の子供たちの命を救った。

楽しい思い出として残っているのは、チョコレート、アメリカビー玉、野球のグローブなど「アメリカの子供文化」が段ボールいっぱいに詰まった「ララ」の慈善クリスマスプレゼントだった。このプレゼントは小学校卒業まで続いた。

沖縄のララの窓口は、キリスト教会であり、県民に対して配給を仕切る役割を持ち、アメリカ軍は、キリスト教会を沖縄各地に戦略的に配置し、那覇には、真和志の三原地区に三原教会、樋川地区に開南教会、当蔵地区に首里教会と主要地域に設置していた。

母は、那覇三原教会が設立されたのを期に、那覇に移住し、配給業務の班長を引き受けた。私も聖歌隊の一員としてコルネットを担当させられた。「慈しみ深き」の讃美歌は今でも記憶の底に残っている。一家でキリスト教会に関わりをもったおかげで、配給物資が我が家にこないという事態にはならなかった。母の沖縄県人特有の実利主義と現実的な機転の成果である。

米軍が配給したポークランチョンミートやコンビーフなどの食料物資は、その後の沖縄の食生活に大きな影響を与えることとなる。米兵の戦時携帯食糧「レーション」として位置づけされた、これらの配給食品は、瞬く間に沖縄の伝統料理に浸透し、沖縄食文化の一翼として根付いた。

これらの高カロリーの食料品は、戦後の県民の命を救った。

母は商売の才にも長けていた。母の国頭村実家の家業は、「糸満屋」（イチマンヤー）と言って、今でいう金融業、商社、糸満の漁師に人材の供給を行う口入れ屋（手配師）などを生業としていた。糸満屋の口入れ家業は「糸満売り」（イチマンウィ）と言って、男の子は糸満の漁師へ、女の子は、魚の行商屋、女郎屋、本土紡績工場へ送り込んだ。

「糸満売り」は、沖縄各地に置かれた身売りの仲買人組織で、本土でいう女衒《ぜげん》のようなもので、一九四九年の国際連合による人身売買禁止によって廃業にされ、糸満屋は、雑貨店（マチィヤグワアー）としての看板だけが残った。

この人身売買の仕組みは、奴隷売買とは異なり、成年になると年季明けとなり、「自由」になれる仕組みである。沖縄では一九六〇年頃まで残っていた。

＊那覇の戦後復興

沖縄戦で壊滅状態となった那覇復興のシンボルが今の国際通りである。戦後、国際通りに沿った一画が、一早く復興を遂げたことから、奇跡の一マイルとも呼ばれている。

アーニーパイル国際劇場

国際通りの由来は、現在のてんぶす那覇の付近にアーニーパイル国際劇場という映画館があったことに由来する。アーニーパイルは、アメリカ軍に帯同したビューリアッツー賞を前年に受賞した従軍記者で、第七七歩兵師団とともに伊江島に上陸、日本兵による狙撃により死亡した。

伊江島は、日本軍が当時東洋一といわれる飛行場を建設していたため、アメリカ軍の軍事目標になってしまった。一九四五年四月一六日から始まった激しい戦闘の末、僅か六日間で伊江島は陥落、日本兵二〇〇〇人と、当時の島の住民の約三分の一の一五〇〇人の命が失われた。那覇の通りの名前は、国際通り以外でも、平和通り、桜坂通り、グランドオリオン通りなどの名前がついているが、この由来は当時、平和館、桜坂琉映館、グランドオリオンの映画館の名称からつけられている。

那覇の繁華街は、映画と芝居の娯楽を中心に街づくりが出来上がっていった。

戦後、那覇の中心地は、米軍によって立入禁止区域になり、那覇の住民の多くは県北部の難民収容所に移されていた。瓦礫となった那覇を復興させるため、一九四五年一一月、アメリカ軍が組織した、先遣隊（設営隊）として、那覇市壺屋の地区の窯業関係者たち一〇三人の職人の帰郷を許し、続いて一二月には、国頭村奥間辺土名で、国頭大宜味村出身の大城鎌吉（ゼネコン大城組創業者）を隊長とする「製瓦業・大工設営隊」一三六名が国頭出身者を中心に組織され、那覇入りした。

続いて家族や親類縁者が移り住み、これに紛れて北部の各収容所から解放された国頭を始め各地方の住人が、荒れた故郷の土地を捨てて、許可をえないまま次々と那覇に住み着いた。

陶芸班は、窯を修理してマカイ（飯・汁碗）、湯飲み、皿などを生産し始め、設営隊は、まず壺屋の民家の修理から始め、規格家屋を建てて住宅の確保に着手した。

一九四六年一月三日、壺屋区役所（後の那覇市役所）が設置され、壺屋地区は一〇〇〇人ほどの集落となり、一月二七日には、一五〇人ほどの子供たちをテントに集め、壺屋初等学校（現壺屋小学校）が開校した。

三月下旬にようやくアメリカ軍は住民の帰還を認める方針に転換。先に那覇に入った親類縁者を頼って、米民政府が認めた牧志・壺屋の二町の狭い土地に住民が住み始めた。そして壺屋・牧志から現在の平和通り、国際通りに沿って、次々と各地方出身者が那覇に入り集落が生まれ、その回りに闇市も自然発生的に拡大して那覇の街が復興する。

アメリカ軍の那覇復興政策の中心となったのが、奥間地域出身で戦前からゼネコンであった国場組と大城組である。辺土名収容所から出たばかりの父は、大城鎌吉隊長のもと、班長として壺屋・牧志の家屋修繕設営隊の一員に加わり、那覇の復興に携わった。

国場組と大城組はその後、現在に至るまで、沖縄の公共事業の中心に自らのポジションを置き、那覇復興や沖縄振興に参画した。

那覇復興に携わった北部出身者が集まって住んだ地区が、那覇の東部、真和志三原地区である。国頭など北部出身者は、戦後の那覇そして沖縄復興に大きく関わった。沖縄経済界の四天王と言われた具志堅宗精（オリオンビール）を除いて、国場幸太郎（国場組）、大城鎌吉（大城組）、宮城仁四郎（沖縄食料）の三人は国頭村奥間（間切り＝支配）地域の出身である。

母は、父の実家が、戦前に奥間鍛冶屋集団の那覇泊の出先として、北部国頭の木材を扱うヤンバル（マーラン）船問屋＝屋号東山城屋（アガリヤマグスク屋）を営み、大阪商人と組んで扱っていた食材、即ち昆布、かんぴょう、千切り乾燥食材のなかから、沖縄で盛んに食されている昆布に目をつけ、闇市場（現在の那覇牧志公設市場）で山城昆布屋を創業する。

それまでの昆布屋は、乾物で販売していたが、闇市に隣接した平和通り地区に昆布煮出し工場を設立し、料理にすぐ使えるように茹でて、小分けした商品にして販売したところ、思わぬ成功を収める。

沖縄の海では昆布は取れない。沖縄で食されている昆布の歴史は深く、特に江戸時代には、北前船を使い、蝦夷地（北海道）で採れた昆布は下関から瀬戸内海を通る西廻り航路で大阪まで運ばれるようになり、更に琉球へと運ばれ、琉球を拠点として清へ輸出された。

当時の清では、ヨードを多く含む昆布は甲状腺の風土病に効く薬とし、また、保存が効き旨味や栄養が増し、日持ちする昆布などの干した海産物は、広い中国大陸の内陸部まで大量に出回り、内陸部の中華料理にも海産物が使用されるようになった。

高値で取引された昆布などの乾物は、干した貨幣（干賀）と言われるほど、貴重な商品だった。一九世紀の半ばには那覇に「昆布座」が設置されるなど、琉球にとっても昆布は重要な輸出品であった。

また、昆布は単に輸出品としてだけではなく、沖縄の食生活にも大きな影響を与え、豚肉とともに沖縄料理には欠かせない食材となり、現在でもその消費量は全国でもトップクラスであり、沖縄の食材としてなくてはならないものとなっている。

＊父親から受け継いだ政治意識

母と共に、公設市場に店舗を開くことが出来た父は、公設市場を流れるガーブ川氾濫改修が政治問題化すると、同郷の兼次佐一のグループに加わり、沖縄社大党に参加する。瀬長亀次郎（不屈の政治家として人気、一九〇七～二〇〇一）、兼次佐一、安里積千代（元衆議院議員）らとも交友があった。

平良辰夫が結成した沖縄社大党は創立当初は、左派、保守が混在していたが、アメリカ軍政府による瀬長亀次郎市長追放に端を発した一九五八年、沖縄人民党と社大党左派による兼次佐一の市長就任を契機に、保守、左派に分裂する。

この時父は瀬長派に属していた。瀬長亀次郎の演説は絶大の人気を誇り、彼のウチナーグチを交えた話しぶりに、子供からお年寄りまでが喝采を贈った。今の芸人の話術以上に力があった。

瀬長の演説会には、毎回多くの県民が集まった。一流のアジテーターでもある彼の語り口として、次の言葉を紹介したい。

瀬長の口を封じることはできても、虐げられた幾百万人の口を封じることはできない。
瀬長の耳を閉ざすことはできるが、一般大衆の耳を閉ざすことはできない。
瀬長の目は砕かれ盲目にされても、世界の民衆の目を砕き盲目にすることはできない。
瀬長を投獄することはできても七〇万県民を閉じ込めることはできない。
（一九五四年一〇月一八日、人民党事件裁判にて）

共産主義者かその同調者と見られていた瀬長が一九五六年一二月の那覇市長選で圧勝する。

この瀬長の当選をアメリカ軍は、那覇市民＝沖縄人民が、アメリカ政府やアメリカ軍に対して挑戦してきたと受け止め、そのまま放っておけない重大な問題であるとして対策に乗り出す。

アメリカ軍は、投票者である那覇市民に対する報復として戦後復興のため復興資金のパイプを切断し、市政を出来なくした。

これは那覇市民を困らせ瀬長市長を市民の手で追い出させる戦術であった。

演説する瀬長亀次郎

結局は、アメリカ軍政府による「米民政府高等弁務官布令一四三号」（通称「瀬長布令」）の発令により、瀬長亀次郎の被選挙権を剥奪し、市長の座から引きずり下ろした。だがその反作用として沖縄全島に猛烈な反米感情を巻き起こした。瀬長を支援するために結成された左派統一戦線の「民主主義擁護連絡協議会」＝民連の運動は、復帰運動の推進母体であった教職員会、土地闘争の農民などの支援をえて一九六〇年の祖国復帰協議会の結成につながった。

父は瀬長が楚辺刑務所への収監、釈放の度に、子供であった私や市場の仲間を連れて出迎えに行った。

瀬長は市長から追放され、何もすることがなかったのか、マチヤーグワー（小さな雑貨屋）の店当番をしていて、私がいくと「よく来たね」と言って酢昆布をシーブン（おまけ）してくれた。

父はアメリカ軍政府の追放により瀬長の後継を託された兼次佐一那覇市長と仲違いし、最終的には保守派の沖縄自由民主党の党首をしていた大田政作に合流することになる。

私が政治問題に敏感に反応するようになったのは父の影響かもしれない。

父の商売の才能は母には及ばず、当時の琉球政府主席をしていた従兄弟の大田政作の応援もあって、政治資金を獲得するためにタクシー会社、サンゴ会社を起こしたものの、多額の借金を抱え倒

今でも活況を呈している公設市場の山城昆布屋

産させてしまう。一方、母が主体として運営した那覇公設市場の山城昆布屋は、今も変わらず繁盛している。

＊「城＝グスク」の由来　新説

私の苗字「山城」の城の字は、沖縄で多くの苗字に使用されている。

例えば「金城」「大城」「宮城」「玉城」などである。

現在見かけられる苗字が使用されるようになったのは、一八二七年（明治五年）の琉球処分以降である

城の字であるが、定説では、豪族が住んでいた城（グスク）を指し、城があった各地に残された地名と言われている。私は、城（グスク）という名称は、地方の有力な館や砦を「御宿」（音読みでごしゅく）と読んでいたという説を持っている。沖縄音では「ご」は「ぐ」に変換するため「ぐしゅく」となり、漢字の城を当てている。

オモロソウシ（いわば沖縄の『古事記』）は、琉球語（古語日本語）を日本語の仮名使いで書かれていて、例えば、現在の喜屋武地域は、沖縄島の南の果てという意味で「きわむ＝究む＝極む」の地名になり、「きわむ」の「む」が「ん」に変換し、きわん→きゃんの音に喜屋武という漢字を当てたと考えている。

琉球の文字は古語日本語の一つであり、琉球人が唐名を使用していることなどから、沖縄は日本人ではなく南方大陸系の民族であると主張している説もあるが、琉球が唐風を強めたのは薩摩の侵攻以降である。

オモロソウシなどを紐解いてみても、琉球の文学は古代日本語が多く使われており、沖縄の言葉は日本語の首里方言に分類され、文法的にも日本語である。

＊ウチナンチューとアイヌ民族の共通項

沖縄人は古代日本人である縄文人の特徴をよく表している。

日本人のルーツは、先住民の縄文人と渡来人である弥生人との混血によって生まれたという二重構造理論が優勢であるが、北海道と沖縄では縄文人の系統が比較的純粋な形で残り、アイヌと沖縄の人々のＤＮＡ解析によると、アイヌは本土人と比較して沖縄人と近いが、同時に沖縄人はアイヌと比較して本土人により近い存在と認識されている。

沖青委の活動で、北海道の日高地方で開催された北海道大学アイヌ研究会のシンポジウムに出席した際、アイヌの人と接してみて、眉の太さ、髭の濃さ、顔骨に同胞性を感じたものである。

その時、手の甲に幾何紋様の入れ墨を施した多数のアイヌの老女に出会った。

その老女たちの入れ墨は、私の祖母の手の甲の入れ墨の模様とそっくりだった。

祖母は、「このハジチ（入れ墨）は士族の婦女の証《あかし》であり、一族の紋様である」と言って、サム

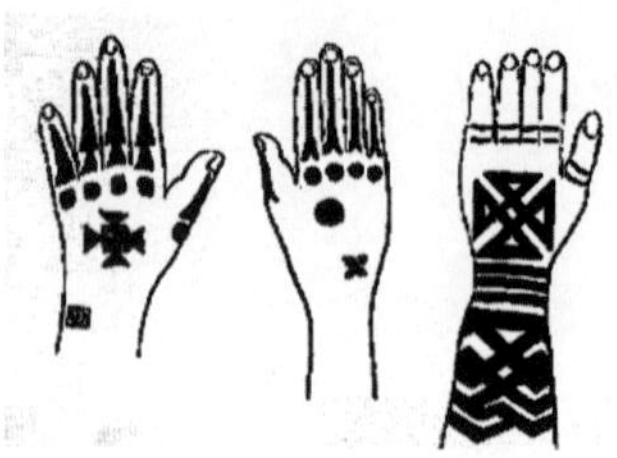
左から奄美大島、沖縄本島　アイヌ

レーの出自の説明をしてくれた。祖母は明治一〇年生まれで、まだ士族の風習が残っている時代に生まれている。入れ墨は、出自の証明であり、入れ墨を持たない女はあの世に行けないという永世の信仰があった。アイヌもまた、同様な来世観を持っており、すべての女性が入れ墨をしていた。
ハジチは、一八九九年に「入れ墨禁止令」が出され、その習性が消えて今は語られることはない。

＊英語教育を拒否した「沖縄諮詢会＝後の琉球民政府文教部」

私が小学校に入学した頃の那覇は、旧那覇地域がアメリカ軍によって立入禁止とされ、壺屋の湿地帯が新たに開発され、そこに那覇復興や一旗揚げようとする人たちが移り住んだ。

私が入学した壺屋小学校にも、各地から集まってきた人達の子供が入学することになり、那覇は地方出身者の方言が行き交う地方出身者の坩堝《るつぼ》であった。

那覇での公用語は、那覇語か本土の標準語であった。那覇で育った私は、当然のこととして、地域での生活用語は那覇語を使用していた。

日本の敗戦により、沖縄にはアメリカ軍により、琉球列島米国軍政府が置かれる中、一九四六年に「沖縄諮詢会」（米軍諮問機関で後の琉球民政府）の文教部から、「言語教育はどこまでも標準語（日本語）でいけ。迷うことなかれ」という通達が下された。

この「標準語でいけ」との通達は、占領下の沖縄教育会に大きな安堵感と希望を与えることになる。

『那覇市史』はこう記述している。

「占領下において国語による教育が行えるかという問題があった。その時『標準語でいけ』は、『日本語でいけ』ということであり、それはとりも直さず『日本人としての教育を断行せよ』ということであった。

その頃の沖縄はまったく先の見えない混沌とした闇の中にあったので、これはまさに闇を照らす一条の光であった」と。

この一条の光りのもとに、いつの日か実現するであろう祖国復帰の日に向けて、数十万の同胞を失い、本土より切り離されアメリカ軍の施政下に置かれた沖縄教育会が目標としたのは「日本国民としての育成」であった。

この沖縄諮詢会文教部の通達は、アメリカ軍の英語教育政策に真っ向から対立するもので、「祖国復帰闘争宣言」であり、標準語励行運動は教育現場からの抵抗運動の狼煙でもあった。

一方、小学校で私を待ち構えていたのは方言札の洗礼であった。那覇でも教育に熱心な家庭の子弟は、標準語だけしか使わなかったし、成績が優秀な生徒は、標準語を話す集団の中から出ていた。宮古島、八重山や離島の出身者が多かった。

逆に、那覇語が話せないと、地方、特に宮古島、八重山、奄美出身、台湾人だと思われ、言われなき差別の対象にされていた。

方言札とは、標準語を普及させる手段として、学校で方言を話すと方言札なるかまぼこ板大の木札を首に掛けなければならず、外すためには他の生徒が方言を話すのを通報するしかなかった。

沖縄では一九〇七年ごろから用いられ、見方によっては沖縄方言を否定することによって、沖縄文化そのものを否定することであり、明確な差別と捉える論調も多い。沖縄方言の撲滅は、皇民化教育徹底の手段であり、アイヌ民族および琉球民族の同化によって日本民族統一の皇国形成を図る日本政府にとって重要な課題であった。また民族の同化政策は、国家が近代化するための不可欠のプロセスであった。

日本の標準語は東京弁と近似であるが、ウチナーグチの場合、琉球王朝の中心地首里城がある那覇で使われていた那覇語も、沖縄方言の一つの中部方言（首里、那覇）でしかなく、他に南部方言、北部で使われていた国頭方言などがあった。

さすがに、戦後の沖縄の公用語は那覇語が基盤となっていたが、日本語の標準語とは全く異なる言葉であり、私も含めて方言札の罰を受けるのは、多くが那覇出身者か那覇育ちであった。特に、ウチナーグチを普段から使っていた私は、標準語の発音、アクセントには苦労させられ、いつも方言札を首からぶら下げられていたものである。私は、理数系の科目は得意だった反面、特に国語、それも朗読が大の苦手の小学生だった。

方言札を下げている子供はいじめの対象になり、小学校で覚えた得意科目は喧嘩であった。

＊「沖縄差別」の表裏構造

第一次世界大戦後に襲った経済恐慌は、沖縄・奄美で「ソテツ地獄」と呼ばれる困窮を招き、米はおろか芋さえも口にできず、多くの農民が毒性を持つ野生の蘇鉄を口にして命を落とす者が続出した。このような苦境に陥った沖縄からは、海外や本土に移民や出稼ぎに行く人が急増する。

中でも大阪は定期航路もあり、紡績などの産業も盛んであったことから出稼ぎも集中した。港に近い大正区の一角に、バラック住宅を建て、港での荷降ろし作業、くず鉄拾いなどで生活するようになったが、周りはこのリトル沖縄を沖縄スラムと呼んで蔑み、差別した。大正区以外では、部屋を借りようとしても「朝鮮人、琉球人、シナ人お断り」の看板が貼られていた。

沖縄差別の実像は、表と裏の複合構造を持っている。

本土による沖縄差別とは別に、沖縄本島人による地方差別である。

特に、奄美群島や宮古など先島諸島に対する差別は今でも存在する。奄美の人（オーシマー）が、なぜ差別を受けたのか。

琉球王府の植民地であった奄美群島は一六〇三年、薩摩の支配下に入り、日本の敗戦によって、ＧＨＱが沖縄と同じく奄美も米軍政下に置くと、日本との経済的な結びつきが切れた奄美の人々は、沖縄本島に経済的活路を求め移住した。しかし、奄美は沖縄が本土復帰前の一九五三年に日本に復帰する。

すると、沖縄に移住していた六万余人に及ぶ奄美の出身者は、「在沖奄美人」と称されて様々な社会的制約をウチナンチューから受けるようになった。

在沖の奄美出身者は各界の要職から追放され、土地の所有権も剥奪され、納税していても、投票権すら一九六八年まで与えられなかった。

一方、宮古八重山などの先島の住民は、琉球王府からしてみれば異国の民であり従属国としたままでのこと、従って征服者の驕りによる差別であった。

しかしその差別は強烈であり、象徴的な事象が、宮古八重山にのみ課せられた税金、「人頭税」である。人が生存しているだけで高率の課税を受けた。

この税から逃れるために、間引きや村ごと島から脱出するという事件も起きた。この悪税は、琉球処分後も続き日露戦争前夜の一九〇三年（明治三六年）にようやく廃止された。

沖縄は本土によってアメリカに売られ、本土が生き延びることが出来たのは沖縄の犠牲の上に成り立っているという沖縄被害者論を持っているが、島津による琉球侵攻時に琉球は奄美を島津に差し出すことによって生き延びた。薩摩に割譲された奄美のその後は、薩摩の倒幕資金のために、莫大な利益をもたらす黒糖作りを強要され、他の作物の栽培も禁止されるなどしてサトウキビの栽培を強制された。

明治維新は奄美の犠牲の上に成り立っている。

一方、琉球王朝もまた、奄美の黒糖利権によって薩摩の懐が潤う事実を巧みに利用し、薩摩からの借款を受けるという政治的勝利により、結果的に奄美からの利益の配分を受け明治維新まで生きながらえた。

奄美は薩摩による隷属支配を長い間受け続けるも、その文化は薩摩化することはなく、今も奄美の文化は琉球文化の影を色濃く映している。

＊那覇地区の終戦直後の生活

この頃の那覇は、中心地に位置する希望ヶ丘を囲むように発展し、復興しつつあった。壺屋・牧志を一望できるこの丘は、復興のシンボルとして希望ヶ丘と名付けられた。希望ヶ丘には日本軍の壕が掘られており、地下壕は網目のように巡らされていた。

この丘は、那覇の少年達の探検と称した遊び場であり、その頃の地下壕には戦死者の遺骨、遺品が多く散乱していた。ガキ大将を始めとする子供たちの縄張り争いの格好の場所であり、その舞台であった。喧嘩に強くなるために、わんぱく盛りの子供たちは競うようにして近場の空手道場や柔道場に通った。

希望ヶ丘の「北地域＝グランドオリオン通り側」には、廃材を使った木造建築物や廃棄墓（戦争で所有者不明）を利用した洞窟住宅が作られていた。この建造物は、通称バーキーヤー（破れ籠）と言われており、多くが沖縄戦で負傷し、身体的障害を負った人たちが、大道芸人として、人通りの多い繁華街で三線（沖縄三味線）や大正琴などを演奏して生計を立てていた。多くが子連れで、子供が親の手足や目の不自由さをカバーしていた。

まだ戦場の後遺症が残る切なさと逞しさが残る空間に鳴り響く三線の音と、本土の匂いを残す大正琴はもの悲しい音を奏で、その様子を一層引き立たせていた。

沖縄には本土でよく見かけられた傷痍軍人の装いをした物乞いはいなかった。大半の県民が悲惨な沖縄戦を体験しているので、戦争による傷害は売り物にならず、芸で商いをしていた。

また、廃棄墓を利用した洞窟住居には、戦争の後遺症としての、ＰＴＳＤを発症した「戦争フラー」が収容されており地域で面倒を見ていた。私も良く学校給食を差し入れていた。

バーキーヤーは、不法占拠建築物のため、一九六〇年ごろから壺屋東区の「救済地区」へ移転されていく。

当時、那覇に集まってきていた人達の職業は、商売の色分けで、どの地方出身者か分かった。例えば、建設業（国場組の関係）は国頭出身者（ヤンバラー）、衣料品関係は宮古島出身者、肉屋、風呂屋は、小禄人（那覇の南に位置し、言葉が難解）、魚屋、かまぼこ屋は糸満出身者、料理屋は粟国島、台湾人はお茶屋を営んでいた。

本土復興と同じ、那覇を始めとする都市の復興に寄与したのは、農作物を育てる肥料、即ち人糞の回集であった。復興時、人糞回収業者は丸十（薩摩島津）の旗を掲げた馬車を使って、各家庭から糞尿を回収していた。どうして丸十の旗を掲げていたのか不明だが、人糞の臭いがすると子供達は「丸十が来た」と騒いでいた。

一般荷物運搬用の馬車には後ろに乗りよく叱られたが、さすがに丸十の馬車の後ろに乗る子供はいなかった。戦前からの鹿児島の利権の残りなのか、あるいは薩摩に対する怒りなのかよくわからないが、人糞馬車が廃れると共に丸十の旗は消えていった。

今でも沖縄の大きな課題の一つが不発弾である。

沖縄に残されている不発弾は推定二五〇〇トン。毎年のように不発弾の爆発事故が起きている。終戦直後は、どこもかしこも不発弾だらけであり、子供たちが不発弾を教室に持ち込んで遊び、誤って爆発させてしまう事故も発生した。

一九四七年三月一一日に真和志小学校のテント教室で小学四年生が持ち込んだ不発弾が爆発、児童四名が即死、負傷者は二七名という大惨事があった。この事件以外にも多くの不発弾事故で人命が失われている。

私の経験でも、南部糸満市に起こした海ぶどうの養殖場の周りは激戦地の跡地で、二〇一〇年には養殖場から五〇〇メートルしか離れていない老人保健施設を造る際に、不発弾による人身事故が発生、ちょうど養殖場の朝礼時で爆発音を社員全員が聞いた。

また、二〇一五年には、養殖場から、三〇〇メートルほどしか離れていない地下一メートルの場所で、なんと二〇〇〇個の不発弾が発見された。不発弾事故に遭ってもきちんと補償されたという話は伝わって来ない。戦後なお戦場として取り残された沖縄の悲劇の一つである。

＊沖縄から世界に渡った移民

沖縄戦で中断されていた、ハワイやブラジル、アルゼンチンなどへの移民の再開が、北部国頭の出身者を中心に始まった。元々移民は沖縄が生き延びていく術であり、第一回移民の二六名がハワイに上陸したのは、一八九九年（明治三二年）一二月五日である。

明治政府が沖縄支配を強固にするため、沖縄の移民政策を時期尚早として抑制していたのに対し、自由民権運動家の謝花昇の同志であった当山久三（移民の父と呼ばれた）が、明治政府による沖縄の植民地化からの解放を叫び、猛烈な移民運動を展開して勝ち得たのが、この初回のハワイ移民で

多くの親類縁者に見送られて出国する移民達

あった。

「沖縄は内地のゴミ捨て場でない」とする当山の叫びは、僅かな土地しかなく、困窮にあえぐ沖縄の農民や民権運動家にとって、第一回ハワイ移民の出航は、移民の可能性を期待した人々にとって大きな夢への第一歩でもあった。

那覇の我が家は、移民として国外に出ていく、国頭の親戚縁者の宿泊センター的役割を果たしていた。那覇港での出発式には、一家挙げて、銅鑼《どら》を鳴らし、七色テープで親戚一族、別れを惜しむセレモニーに参加した。

＊沖縄ヤクザの原点「戦果アギヤー」＝米軍物資の闇市流し

沖縄の復興のカギとなった、アメリカ軍の救援物資は、あたりまえのように横流しや盗難の対象となった。これに加担したのが戦災孤児や腹をすかせた子供たちであった。

この物資の略奪行為は「戦果アギヤー」と言われ、沖縄ヤクザが生まれた原点である。戦果アギヤーとは「戦果をあげる」という意味であり、終戦後まもなくの沖縄では、盗んだ米軍物資を戦利品とよんだことにちなんでいる。

貨幣経済が未成熟であった沖縄には、本土のような博徒的ヤクザは存在していなかった。沖縄のヤクザは任侠の世界とは異なり、義理人情に生きるというより実利を求めて誕生した。沖縄のヤクザは、いわゆる「戦果アギヤー」の親分として君臨した喜舎場朝信を中心とするコザ派グループが沖縄ヤクザの走りと言われている。

一九五二年頃、嘉手納基地の米軍物資を闇市へ流していく流通組織を作り、米軍Aサインバー街として繁栄したコザ（米軍がつけた名前）を拠点としたのがコザ派である。

MPに所持品検査を受ける少年

少し遅れて、もう一つのヤクザ集団が誕生する。那覇の闇市や特飲街（風俗街）の用心棒として、空手道場の門下生などが中心となって又吉世喜をトップに組織化された那覇派である。

「戦果アギヤー」と「用心棒」は戦後の混乱時代に、沖縄社会の維持に必要悪として存在した。敗戦による混乱と貧困、米軍による県民支配の不条理が、沖縄をして、ヤクザを必要とする社会に変えていった。沖縄のヤクザは、即物的な利害関係がストレートにぶつかり合うため、本土のヤクザ組織のような仲を取り持つ中間的な組織や二次団体が存在しない。

ヤクザ同士の抗争には米軍から流れてきた拳銃、機関銃、手榴弾に、沖縄空手のヌンチャクや釵《サイ》などが持ち込まれ、ひとたび抗争が起きるとその凶暴さは本土のヤクザの抗争とは比較にならないほど凄惨な結果を生み出した。沖縄という狭い地域で顔見知りも多く近親憎悪などの感情から、いきなりトップ同士の命のやりとりとなってしまった。

那覇派のドン、スターヤッチー（星のように輝く青年）と言われた又吉世喜も、二度の暗殺を潜り抜けるが、三度目の襲撃をかわすことはできなかった。又吉は、愛用のオートバイで、犬を散歩させている最中、一台のワゴン車が護衛の車を追い抜き、背後から発射された四発の銃弾を浴びて死亡する。享年四二歳であった。

私は、母の遠縁にあたる同町内に住む又吉（マテーシ小）から「こーちゃん」と声をかけられ、又吉傘下の組員とSケンという遊びに参加させられた。

このSケン遊びはかなり格闘色の強い遊びで、二チームがそれぞれ地面に描かれたS字の陣地の内側に入り、開始の合図で、それぞれの陣地のS字型の切れ目より攻撃隊が出撃して相手陣地に攻め込み、相手チームを陣地から押し出すか、陣地にある缶カラを蹴れば勝ちというゲームで、いろいろなローカルルールがあり当時は全国レベルで遊ばれていた。

それ以外でも、キャッチボール、重量挙げ（手作りのセメントバーベル）、ボクシング、タウチー（闘鶏）、コイコイ（花札）、琉球将棋＝象棋（チュンジー）などで遊んでもらった。

空手の手ほどきも初めは又吉から受けた。弾力性のある板に藁を巻き、拳を叩いて鍛える、巻き藁の練習をさせられた。

巻き藁は、人が集まる場所には、よく立てられており、巻き藁があるところには、ガキ大将やアシバー（腕力の強い遊び人）がたむろしていて、そこを通ると、停められては「腕試し」の前試験として叩かされたり、強い奴かどうか巻き藁を叩いてできる拳のタコをチェックされた。そこには、砂糖の溶け込んだ氷水があり、遊び賃としてたらふく飲ませてもらった。

空手と共に盛んだったのが柔道と伝統の「沖縄相撲」であった。

沖縄相撲は、大和相撲のように円内で勝負するのではなく、砂場を使い、最初から相手の帯を摑み、相手の両肩を砂地に付ければ勝つ、という相撲である。

この相撲の特徴は、体力の劣る者が相手に抱きつき、ぶら下って、曲げた両ひざで相手の腰力をころし、力任せに振り回す相手の隙を瞬時に捉えて、小が大を投げ飛ばす醍醐味のある腰技相撲である。

オリンピック強化合宿のため、あらゆる格闘技の技を研究するために井上康生監督が沖縄相撲の段持ちと試合をしたが、オリンピック選手ですら最初のうちは勝てないのが独特の沖縄相撲である。

私は小学四年生の時に、畳と砂場の違いはあるが、沖縄相撲とよく似た柔道を習うため近所の長岡柔道場に入門する。定期的に牧港米軍内にある、アメリカンスクールとの柔道の交流試合があり、アメリカンスクールのバスで送迎された。

試合後のパーティーで、マクドナルドのハンバーガー、ホットドッグを食べることや、年一回の陸海空の三軍記念日で開かれた、砂場での宝探しイベントで一ドル銀貨を探すのが楽しみであった。アメリカ軍基地でのこれらの体験は、アメリカの豊かさを肌で実感し、素直に感動、無邪気で遊んだ記憶として残っている。その時の記憶の中に刻みこまれていたアメリカ国家「星条旗」のメロディーと

Oh, say can you see　by the dawn's early light　What so proudly we hailed　at the twilight's last gleaming

の歌詞は、なかなか消えない。

今でも、時々口ずさむし、その時の「コカコーラ」の味はまだ鮮やかな記憶として残っている。この交流体験も私が小学六年生であった一九五九年六月三〇日に起きた、宮森小学校アメリカ軍墜落事故による反米感情の高まりによって中断された。

＊米軍の沖縄水爆配備

この墜落事故は、アメリカ軍機が引き起こした数々の墜落事故の中でもとりわけ悲惨なものであった。事故を起こしたのは、アメリカ軍嘉手納基地所属第３１３空軍師団のノースアメリカンＦ100Ｄジェット戦闘機である。テスト飛行中エンジン火災を起こし、パイロットはパラシュートで脱出。無人の機体は、民家三五棟をなぎ倒し、石川市（現うるま市）立宮森小学校の校舎に墜落炎上した。事故による死者は児童一一名を含む一七名、負傷者は児童一五六名を含む二一二名という大惨事となった。

墜落は、午前中の二時間目終了後のミルク給食の時間で、火だるまになった子供達は水飲み場まで走り、そのまま次々と息絶えた。

多くの死傷者を出した宮森小学校

墜落したＦ 100 Ｄの残骸

激しい抗議行動が展開されたが、アメリカ軍が補償したのは、死亡者四五〇〇ドル、重傷者は障害に応じて二三〇〇ドルから五九〇〇ドルという、誠意が全く感じられない額である。

当時の市長は賠償交渉を円滑に進める意図から、事故の復旧に貢献したとして米軍に感謝状を贈るなどアメリカ軍にへつらう態度をとったのにもかかわらず、その金額であった。

アメリカ軍は宮森小の事故後もＦ１００を継続運用した。その二年後にも具志川村川崎（現・うるま市川崎）に墜落させるなどの事故を起こした。高い事故率にもかかわらず、Ｆ100を本格運用した理由は、キューバ危機をきっかけとして米ソ冷戦の緊張感が高まり、水爆を搭載できるＦ100の運用がかかせない状況が生まれた。そして沖縄のアメリカ軍基地には水爆の配備がなされていた。

Ｆ100はベトナム戦争時には、嘉手納からベトナムにも出撃し、沖縄返還後も、核の運用として日本政府は有事の際、沖縄に核兵器の持ち込みを認めていた。

沖縄も非核三原則の範疇に含まれるとしていた政府の答弁は、アメリカ側の公文書で、嘘であったということが裏付けられた。沖縄のアメリカ軍基地は、常に核の貯蔵施設としても機能していた。

嘉手納基地：Ｆ１００に装着される水爆マーク28

「あゝこの悲惨――あなたたちの冥福を祈ります」として、宮森小学校の校長仲嶺盛文が追悼の詩を残した。

アアこの悲惨。
生きて帰らぬ子供たち。
戦争がすんで一五年にもなるというのに。
基地があるがゆえにZ機の爆音と共に、
火だるまになって先生に助けて一声のこし
一瞬にしてこの世から消え去っていった。
あまりにも悲惨なことではないか。

この嘆きの詩を、私の担任が、悲しさと悔しさと怒り声で涙を流しながら語ってくれた。

本土復帰運動を加速化した事件でもあり、翌年一九六〇年の四月、沖縄教職員会が母体となり沖縄県祖国復帰協議会が結成された。

＊沖縄、ヤクザと左翼運動

沖縄がヤクザの台頭を必要悪としたこの時代、もう一つ活発なうねりが左翼運動であった。ある意味、沖縄の左翼運動の分岐点ともいえる島ぐるみ運動は、団結して交渉することは、力を持って恫喝するのと同じ効果を得ることができるという沖縄流交渉術の始まりでもあった。

結局、この闘争によって、アメリカ軍の基地として徴用された五三〇〇万坪の土地に、年間使用料六〇〇〇万ドルの支払いの確約を得るという大幅引き上げを獲得して終結する。

落としどころは、金銭的な解決策であり、これ以降、沖縄の軍用地主は、土地を提供していくスタンスに自らを変えていくこととなる。

＊島ぐるみ闘争と沖縄だけの金融商品

沖縄全土で支払われる軍用地の地代総額は年間約九〇〇億円（一社法人 沖縄県軍用地等地主会連合会　平成二七年三月）以上の巨額に上る。

しかも、沖縄戦により焦土となり土地台帳も焼失のため、所有権の確認は自己申告によらざるを得なかったが、所有地の誇大申告などの不正申告者が相次ぎ、今でも軍用地料の支払いは、実測もされないまま過大申告された面積に基づいて支払われている。

金を生む軍用地の売買は、今では沖縄の金融取引の主役でもあり、軍用地に対して国が支払う賃料は、どの金融商品よりも高い利回りが得られ、安全確実な投資商品として位置付けられている。

新聞広告には毎日のように「軍用地売ります・買います」のコピーが溢れている。

唯一のリスクは、アメリカ軍が基地（軍用地）を返還してしまう場合であり、軍用地の価格は、そのリスクを反映して設定されている。一番有望な軍用地は、返還がおそらくあり得ない、嘉手納の軍用地である。

ちなみに、二〇一六年七月に当選した参議院議員の資産が一月四日に公開された。この資産報告制度は逃げ道満載のいい加減な制度とは言え、驚くべきは、沖縄選出の歌手で元ＳＰＥＥＤの今井絵理子（自民）の資産総額約一億円の中身である。投資用の土地資産とし、沖縄に二ヵ所の軍用地を保有している事実であり、自衛隊の那覇基地と米軍の嘉手納基地の地主として賃料収入を得ていた。沖縄の成功者である今井絵理子は、その稼ぎを軍用地に投資し今も収益をあげている。今井が運用している軍用地は戦略的に地主に返還されにくい、言い換えれば恒久的に高利回りが保証されている土地（金融商品）である。

軍用地を巡って起きた、島ぐるみ闘争は、沖縄が生きる交渉術を学んだ原点といえる。そして、沖縄の経済は軍用地以外でも、基地迷惑料としての補助金など、基地の存在によって成り立っているのが現実である。軍用地料は沖縄経済の「影の銀行」の「血液」として回り続けている。

毎年、元金と利息は増え続け、下がることは決して無い最も安全有利な金融商品である。

第3章　反基地闘争を刺激した青春時代の棘

＊返還されないことを前提の反基地闘争

現状の沖縄における反米反基地闘争は、軍用地料を始め基地の見返りとして様々な迷惑料の獲得を陰の目的として行われている。

その反対運動はアメリカ軍基地が返還されないという前提の上に成り立っているところもある。事実、名護市などはキャンプハンセンの土地一六二ヘクタールの返還に反対、継続使用を求め三度も返還を拒否した。軍用地料一億三千万円が失われるからである。このように様々な矛盾を抱えているのが反対運動である。

反対運動を継続することは迷惑料の継続に直結するからである。現実に反対運動の結果、軍用地料の支払いは毎年増加している。また、本来使途を政府が決める国庫支出金なども、県に一任される特別な一括交付金制度など沖縄県のみに許されている特異性がある。

軍用地を巡っての島ぐるみ闘争や本土復帰運動など、その主役となったのは沖縄の教職員や公務員、軍労働者であった。その原動力となったものは、復帰に伴う公務員の給与アップや身分保証などであった。

当初の本土復帰デモなどは、日の丸一色の行進であったが、復帰直前に喜屋武真栄が復帰協の会長に就いたあたりから、アメリカ軍基地がそのまま置かれるなど、復帰の内実に対する失望感が増幅し、本土復帰運動は、反政府、日の丸非掲載運動に転換していった。

この潮流の中で、様々に姿を変えて今に続いているのが、沖縄の様々な反対運動である。

辺野古移設反対やオスプレイ配備反対など、現在の沖縄の左翼的反対運動の主体となって生き残っているのが、沖縄平和運動センターという団体である。この「革新支援団体」は、全日本自治団体労働組合沖縄県支部や沖縄県教職員組合、沖縄県マスコミ労働組合協議会、沖縄社会大衆党官公労共済労働組合、琉球大学学生会など沖縄の主だった、革新組織二七団体を傘下においている。

沖縄の左派運動の歴史は、土地問題の島ぐるみ闘争や本土復帰運動など、多くの県民をも包括した運動であったが、いつしか本土の新左翼を呼び込まざるを得ないほど、アメリカ軍基地の運用は強権的であり、生活のため薬莢拾いをしていた農民などが、アメリカ兵の銃撃を受け死亡する出来事なども発生する状態に陥った。それにもかかわらず、日米地位協定により、日本政府も傍観して事なかれ主義を決め込んでいた。そのため、運動も徐々に暴力的な色合いを濃くしていった。

この暴力の対抗として更に存在感を高めたのが、沖縄のヤクザ組織であり、特に、ベトナム戦争の激化は、さらに沖縄の裏社会を活性化させた。

本土にはない米ドル流通によるアジアシンジケートの利権（銃、麻薬、人身売買、カジノ資金）は、本土の山口組の沖縄進出を触発した。本土のヤクザ抗争ではあり得ない、いきなりトップを狙って命のやり取りが勃発し、武器としてアメリカ兵から横流しされた拳銃やライフルなど本格的な殺し合いにまでエスカレートしてしまう。沖縄のヤクザ組織、コザ派、那覇派は離散集散し、対立抗争を繰り広げるが、本土の暴力団、山口組の沖縄進出を阻止するため、沖縄連合旭琉会を結成するなど、裏社会からも本土への警戒心が始まっていった。

＊私が学んだ沖縄伝統の空手

松林流　長嶺道場

沖縄ヤクザの力の源泉の一つとなった沖縄空手は、戦後、「上地流」「剛柔流」「小林流」「松林流」の四流派が主流となっていた。私は、中学一年生の時に松林流の長嶺道場に入門する。

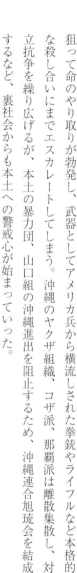

長嶺道場に口を利いてくれたのは、母の従兄である叔父の多和田眞鼎《しんてい》である。眞鼎は、首里手の達人で「多和田棒術」を編み出した多和田眞睦《しんぼく》親雲上《ペーチン》を祖先に持つ、首里鳥堀多和田家惣領で南陽総合銀行（沖縄銀行の前身の一つ）創業者であった。叔父の祖先である眞睦《しんぼく》親雲上《ペーチン》の首里手は、松林流の長嶺師範に引き継がれ、叔父と長嶺師範は個人的にも大変懇意であり、その縁で私を紹介してくれた。

ちなみに、松林流は佐久川寛賀から松村宗棍へと受け継がれ、宗棍から糸洲安恒、安里安恒、多和田真睦、喜屋武朝徳へ継承された首里手の正統な系譜である。多和田眞睦は親雲上《ペーチン》の肩書が示すように武士であり、国王尚育王の前の御前試合では一瞬の足技で相手を気絶させたとされる逸話が残っている。

私が初段として黒帯を獲得できたのは高校の入学時で、得意技は、すばしっこい猿をも仕留めるといわれる秘術猿手《サールーテ》の使い手本部朝基《ムトブザールー》の奥義、首里手のナインファンチの拳術である。その後、私が独自に工夫した技、中国武術でいう「寸勁」という打撃術である。打撃は、拳の重量に加速できる距離をかけて威力を増すが、近接した間合いで加速距離が取れない場合でも大きなダメージを相手にもたらす必殺技である。

中国拳法では掌を使うが、沖縄空手の基本は拳である。従って、私の技は拳を用いて打撃の威力を内臓にまで到達させる貫通性があり、体重を腕を通して相手の体の芯に伝える打ち方である。簡単に言えば体当たりと当て身のハイブリッドによる合わせ技的攻撃法である。

空手がスポーツ化し、間合いをとって行う競技では、寸勁という「ワンインチパンチ」技は、今のスポーツ空手では技として存在しない。これは、沖縄の伝統空手独特の技であり、沖縄でも使用する空手家は少ない。沖縄空手の修行は、修行を積んだからといってルールの存在しない喧嘩に強くなるということは無いが、自分に自信が付くという意味で役立った。喧嘩名人は、急所を攻撃したり目に砂を擦りこんだりという手段を使うことができるかどうかである。

今でこそ、沖縄空手は、その歴史や礼節さなど、また、自己鍛錬の手段として、暴力や争いを否定する高い道徳律を持っているが、ひと昔までは決してそうではなかった。今や洗練された沖縄空手は、世界から空手愛好家が沖縄を訪れている。沖縄空手は県の重要無形文化財に指定され、世界文化遺産として認定される日もそう遠くはない。

しかし、私が入門した当時は、沖縄の世相を反映し、空手道場はヤクザと左派が呉越同舟し、あたかも、梁山泊のような雰囲気を持っていた。

那覇派ヤクザのドン、又吉世喜が師範を務めていた、剛柔流の宮城道場も同じ町内に在った。「空手に先手無し」の教えは、今では多くの道場に掲げられているが、当時は先に殴ったもの勝ちの喧嘩空手であり、空手は精神性道徳性を持つ武道ではなく人を倒す武術であった。

空手で腕を磨いた、アシバー（腕力の強い遊び人）のリーダーたちは、用心棒か遊戯館、映画館経営に乗り出していった。当時、空手道場へ入門する目的は、自らの身を守るためというより、暴力によって、のし上がろうと、精一杯もがいている若者で賑わっていた。空手による力の自信は、言論での戦いでも自信をもたらせる結果を生じさせた。

振り返ってみれば、まだ復興の混乱期にあり「武勇伝」の時代で、当時の空手を身に着けた論客の自信は、最後には一発かませば決着がつけられるという、まるで劇画を地で行くようなものであった。本来の沖縄空手は、自己鍛錬にあり、向き合うのはけっして敵ではなく己自身である。様々な型を通じて自分を磨くことこそが沖縄空手の本分だとする理念とは、かなりのズレがあったが、その当時の世相が空手を学ぶ意義を曲解させていた。

そのような状況の中で、私もこの時代の渦に巻き込まれていく。中学生の私も、道場での稽古が終わると、盛んに行われていた討論「沖縄が置かれている現状や沖縄の本土復帰について」のディベートに参加した。高校生になると「本土復帰」「沖縄独立」の政治的議論が道場内でグループ討議のような形で盛んになり、長嶺道場は政治塾の様相を帯びていくようになった。

師範の長嶺将真は、そもそも出身が沖縄の警察官僚であり保守派のリーダーで、アメリカ軍の空手指導員も行っていた。道場にはアメリカ軍の兵士など軍関係の門下生が多数在籍していた。今でも松林流長嶺道場はアメリカを始め海外に多くの支部を持っている。長嶺道場の師範は保守のリーダー、副師範喜屋武真栄は左派復帰協のリーダーで、正に保革が混在し、ディベートが巻き起こる格好の環境であった。

当然、学生部のキャプテンで師範の息子、長嶺高兆も保守の親米思想を持ち、副キャプテンである私は、副師範の喜屋武真栄の影響を受けて左派というのが長嶺道場ディベートのバランスであった。私は喜屋武真栄により、暴力の有効性という空手の現実の一面を、その後の学生運動での特異な場面において遺憾なく発揮する。

＊異民族支配の歪み、混血児差別

中学生になると異民族支配の歪みを身近に感じることになる。まだガキ大将が徒党を組んで喧嘩する時代で、体力にまさる「混血児」を多く要するグループが喧嘩に強かった。

黒人との混血児で、源為朝研究会主幹の通じやー（通訳屋）宇良政善のグループにいたモーモーヤー（牛乳屋）我那覇三郎は喧嘩が強い反面、受ける差別も白人との混血児以上に強烈であった。宇良は英語に堪能で家業となっていたアメリカ兵と地元住民のもめ事の仲裁を良く手伝っていた。

モーモーヤーの三郎は養父が牛乳屋を営んでいたことでそう呼ばれていた。我那覇三郎はアメリカ兵が事故を起こす度に、「アメリカ兵の落とし子」である彼らに対する「アメリカ帰れ」という生徒たちの野次は聞くに堪えず、アメリカ軍支配に対する沖縄社会の持つ不満を子供を通して、差別の裏返しの刃を無慈悲にも受けていた。

言葉の暴力に対する応えが腕力による学内での暴力による返礼であり、当時の子供たちが本土でも普通に使っていた小型のナイフ（肥後守）で、我那覇は一つ先輩の鉄工屋の息子に怪我を負わせる傷害事件を起こした。「地球は青かった」と人類が初めて宇宙有人飛行に成功した、ソ連のガガーリンの快挙を讃える歴史的な日である一九六一年四月一二日の全体朝礼で、生徒全員の身体検査（刀狩り）が行われ、それ以降、肥後守の携帯が禁止されていった。

私の母と我那覇三郎の母は同郷であり、我那覇の母親から頼まれた関係で、一時期、我那覇は私の家に居候していた。我那覇との生活を通して、肌の違いだけで差別する沖縄社会の「闇の部分」に触れる体験をした。

＊渡航証明書（パスポート）を無視した密航体験

沖縄問題の「闇の部分」に入る契機になったのは、那覇中学の二年の時であった。当時、私は、宇良政善をリーダーとする同級生と共に「源為朝研究会」「琉球方言研究会」という組織を作っていた。実家が通訳業（米軍とのトラブル処理屋）を営む宇良政善とは、那覇の学習塾（城間塾）で小学四年生の時の同期生であった。彼は後に九州大学理工学部に進み、パスポート破棄・渡航制限撤廃＝密航運動の中心メンバーとなって沖縄闘争における新左翼運動組織「沖縄闘争学生委員会＝沖闘委」の初期メンバーとなった。そして一九六七年一〇月八日、佐藤ベトナム訪問阻止、羽田闘争に参加して逮捕される。

私たちの源為朝研究会は、研究会といってもアドベンチャーを楽しむ、中学生の集まりにすぎず、源為朝の子が琉球王朝を起こしたとされる琉球歴史の研究とその足跡巡りをするのがテーマであった。この為朝故事は都市伝説だとも言われているが、琉球王朝の王史「中山世鑑」などには、保元の乱で敗れた源為朝が琉球に逃れ、その子が初代琉球王舜天になったと記述されている。

為朝の足跡を辿ろうとすると、当然、本土にある為朝の史跡を訪れることが必須で、そこでぶつかったのが、沖縄県民が同じ日本人であるにも拘わらず、本土に渡るのに必要とされていた渡航証明書であった。県民が本土に渡航する際には琉球列島米国民政府発行の渡航証明書が、パスポートであり、本土の入国管理局でもこの渡航証明書にスタンプを押していた。

本土復帰前に、本土に渡ってアイドル歌手になった南沙織やフィンガー5らも、このパスポートを持って上京したのだ。同じ日本人が日本にいくのに何故パスポートが必要なのか？　まさに日本政府の決め事に大きな疑義を抱かせた原点であった。

那覇中学二年の夏、グランドオリオン映画館で我那覇と一緒に観た、ポールニューマン主演のアメリカ映画「栄光への脱出」（第二次大戦終了直後のイギリスの対アラブ政策によりキプロス島に勾留され、祖国を失っていたユダヤ人が団結して島を脱出し、イスラエルを建国するまでを描いた映画）に感化されて、我那覇三郎も含めて四名で渡航制限撤廃の意思表示を行動で表すため、本土鹿児島にパスポート無しの「栄光への密航」を企てるために那覇丸に乗船した。

結果は、我那覇だけが成功し、私と他の三名はデッキの手前で阻止され失敗してしまう。奄美大島の名瀬港を経由してリターンさせられ、沖縄に強制送還となった。那覇署から連絡を受けた母親が身柄の引き取りに来てくれた。

当然、中学校には通報され、翌日、私たちは職員室で風紀係りの先生から強烈ビンタ、蹴りなどの暴力的教育指導を受けた。我那覇も遅れて鹿児島から強制送還され、学校で「クルー＝黒人」といわれて担任から暴行を受け、迎えに来た沖縄人異父によってさらに暴行を受けた。

沖縄戦でのアメリカ軍の火炎放射器による攻撃で家族全員を失うという悲惨な体験をし、自らも顔に火傷の傷跡を持つこの教育指導の担任は、ことのほか我那覇に対しては厳しいものがあった。

翌日、腫れ上った顔で、私の家に挨拶に来たが、我那覇が我が家に居候することはなく、一緒に来た母親が連れ帰った。我那覇の涙する顔を見たのはこれが最後で、それ以降、学校にも来なくなり、その後家出して失踪する。

我那覇の失踪を機に宇良の「密航グループ」は消散することになった。その後、我那覇の消息はまったく不明であったが、ある日のニュースで思いかけず、彼の名前を聞くことになる。我那覇は、暴力団、那覇派の構成員となり、数度となく繰り返された「沖縄ヤクザ抗争」の壮烈な出入りによって死亡したのである。

我那覇がこの世に生をうけたのも、アメリカ兵による強姦という結果であり、彼の死も沖縄の差別がもたらした悲劇であった。我那覇の生涯は沖縄の悲劇そのものであり、同様の悲劇は戦後の沖縄ではいくらでもころがっている。

高闘委（国場秀夫轢殺事件糾弾沖縄高校生闘争委員会）の委員長、パスポート破棄・渡航制限撤廃リーダーとして嘱望された宇良政善も、九州大学全学連として参加した一九六八年一〇月二一日国際反戦デーの前日、アメリカ大使館突入闘争における機動隊から受けた怪我に苦しみ、奇しくも一九七一年六月一六日佐藤・ニクソンによる沖縄返還調印の前日、その後遺症で二四歳という若さで亡くなった。

私は、キング博士の「I have a Dream」の朗読が流れる宇良の無念の思いが漂う葬儀に参列し、「無情の風」が吹く感覚を味わった。我那覇や宇良が夢見た本土は決して「桃源郷」ではなかったのだ。

宇良は日清戦争の前後、琉球王朝の存続を求める頑固党の脱清派のメンバー、明治政府の厳しい監視下にあった那覇を避け、今帰仁運天港から、清に送り出した「宇良機関」一族の末裔でもあり、那覇久米（中国村）の出身であった。

＊アメリカ兵による国場秀男轢殺事件

アメリカによる統治は、飢え死に寸前の県民に食糧や服を与えた救世主の側面もあったが、現場のアメリカ兵による犯罪は目に余るものがあった。

強姦などの性犯罪、発砲による傷害、そして特に頻発したのは、米軍車両による人身事故や引き逃げであった。

死んだ子供の残したものは、ねじれた脚と乾いた涙
他には何も残さなかった
思いでひとつ残さなかった
（詩人　谷川俊太郎）

そして、私が左翼的運動に惹かれていったもう一つが、一九六三年、中学三年の卒業間際に、通学していた那覇中学校の目の前の国道58線（旧国道1号線）、旭橋ロータリー前、現在の東横イン旭橋ホテル前で起きた、上山中学一年生の「国場秀男轢殺事件」である。

ベトナム戦争の激化と共に、アメリカ軍基地と那覇軍港を結ぶ国道58号線は、連日戦車や軍用車両が砂埃を巻き上げ爆走していた。国道58号線はまさしく軍用道路であり、私たちに対し、戦争への不安を煽っていた。

アメリカは一九六二年には南ベトナム軍事援助司令部（ＭＡＣＶ）を設立、事実上の正規軍を派遣して泥沼化、沖縄のアメリカ軍基地は前線への兵站基地と位置付けられていた。

そのような中で起きたこの轢殺事件は、アメリカ兵による信号無視が原因であった。

ガムを噛む米兵とねじれた子供の足（写真家・嬉野京子撮影）

上山中学、那覇中学、神原中学の生徒会が中心となり、三中学共同の抗議集会を與儀公園で開催した。宇良政善が新設神原中学校の生徒会長をしていたこともあり、私は、各学校への伝令的な役割を担当した。

この抗議行動に携わりながら、那覇の新遊郭「十貫地」においてベトナム帰りの米兵との乱闘事件に巻き込まれ、ＭＰに補導された。希望していた首里高校への進学が駄目になったが、なんとか甘い処分で退学は免れ、首里高校に代えて新設の小禄高校への進学を勧められた。

小禄高校は、首里高校、那覇高校に次ぐ、琉球政府立那覇第三高校として、沖縄全島から選抜された教諭陣による進学校のモデル高校として設立された。

首里高校は旧制一中で本土での旧一高と同様、沖縄の秀才たちを集め、首里王朝とつながりの強い出身者が多かった。那覇高校は旧制二中で、久米出身者が多くを占めていた伝統校であった。新設の小禄高校は、進取の気質を持った生徒が多く在籍し、結果的に本土における沖縄闘争を引率していくのも小禄高校の出身者が多かった。

高校入学時の一九六三年の五月に国場事件の無罪判決が下されたことにより、琉球政府立那覇高校の宇良政善がリーダーとなり高闘委を立ち上げ、各高校の抗議行動の組織化を目論んでいた。

私は、「米軍による国場秀男轢殺を許すな！　諸悪の根源、米軍基地を即時撤去し、祖国復帰を実現しょう！」という手作りのチラシを持ち込もうとしたが、クラス担任の宮國先生に見つかり、小禄高校は受験校であるとの理由で、「政治的なことを教室に持ち込むな」と一喝され、阻止された。

その当時、小禄高校教職員組合は米軍基地を残したままでも復帰するという保守派の拠点でもあった。

アメリカ兵の犯したこの犯罪は、日米地位協定により、裁判はアメリカ軍の軍法会議で行われた。無罪となった理由は、容疑者であるアメリカ兵の「信号が陽の光で反射し、全く見えなかったために起きてしまった不可抗力である」との勝手な主張が通ってしまったことによる。アメリカ治世下での沖縄は、アメリカの法律も日本の法律も適用されずに決着させられた暗黒の時代であった。まさしく、そこかしこが谷川俊太郎のやるせない詩の世界として存在していたのが沖縄であった。

死んだ子供が残したものは……
死んだ兵士が残したものは、こわれた銃とゆがんだ地球
他には何も残せなかった平和ひとつ残せなかった……。

＊左翼運動もどきが原因のクラス左遷

「国場秀男轢殺事件」による抗議活動は政治活動の一環とみなされ、私は二年生になると理数クラス（特別進学クラス）から追放され、学校当局は表には出さないものの、他の学校へ転校してくれとの態度が透けて見えた。

要注意人物のレッテルを貼られた私を引き受けてくれる担任もおらず、退学などの放校処分だけは何としても避けたいと思い、先生方には白眼視されながらも職員室に一週間通い続け、校長に直訴した。そしてやっと、空手道場の同門である美術部の先生が間に入ってくれ、文理クラスに編入

されることになった。このクラスは、川平朝基をリーダーとする復帰協高校グループの「小禄高校社会研究会」の拠点であった。人生は何が幸いするかわからない。理数クラスを放出された後「社会研究会」での出会いと活動は、私を沖縄問題に深く関わるきっかけともなった。

この「社研」は、数年後、本土における沖縄問題に対して果敢に立ち向かっていく多数のリーダーを輩出した。

国場秀夫事件を契機に、柔道部の顧問でもあった宮國先生によって、柔道部からも追放されてしまったが、この一連の流れは、そもそもアメリカ兵が起こした引き逃げ事件を軍法会議という密室で無罪にしたアメリカ軍の対応にあったのにも拘わらず、私たちの純粋な思いなどには一片の斟酌すら無かった。

まだ、戦争の足跡が残る波の上ビーチ沖のマストを海面に出したまま沈んでいる貨物船まで泳ぎ、傍若無人に振る舞うアメリカ軍人に対する「復讐」の思いと、沖縄は一刻も早く「本土に復帰すべき」という思いを高闘委の宇良たちと涙を流して誓い合った。

「固き土を破りて　民族の怒りに燃ゆる島　沖縄よ　我らと我らの祖先が血と汗をもて、守り育てた沖縄よ　我らは叫ぶ……沖縄を返せ！」この燃えたぎる詞を青春闘争歌として肩を組み、謳歌した。

この「沖縄を返せ」の歌は、私が小学生の頃は、那覇の国際通りなどで行われた祖国復帰行進などで歌われ、その歌詞に込められた強い意思「民族の怒りに燃ゆる島　沖縄を返せ」と力強い曲調は、行進する人々に力を与え、子供たちも口ずさみながら我先にと隊列に加わった。デモ行進は勢いづき波打つような激しさで進んでいった。

この歌は、代々木系（日本共産党）の歌であるとして、新左翼のセクトの間では歌われることは無く、私も新左翼運動に身を投じてからは、口ずさむことは無くなったが、少年時代の思い出の歌として忘れることは出来ない。

このアメリカ軍の強引な幕引きは、基地の無い沖縄の姿を求めて本土復帰運動を展開していた教職員組合の中にも動揺が走った。即ち、基地と施政権を分離させた本土復帰論を唱える保守の台頭が始まったからである。

当時は、高校生や学生の抗議集会への参加や署名活動はごく普通のことで、抗議行動に関する学校側の対応は、私自身の中では到底受け入れられるものではなかった。まわりが大学進学の勉強に身を入れていることとは逆に、沖縄の自立解放、本土復帰という「祖国の夢物語」の脚本作りに没頭していった。

私の頭の中には、アメリカ軍による占領から解放され、本土復帰さえかなえば、このような苦しみからも解放されると思い込んでいたのである。こうした体験は、私の心の中で消しようのない熾火《おきび》のような感情として根付いていった。

沖縄をめぐる左翼運動の動きも、「本土復帰」やアメリカが介入した「ベトナム戦争反対」などのうねりとなって高まった。社会研究会に参加したメンバーのほとんどが松林流松尾長嶺道場に入門し私と同門となった。

長嶺道場では、副師範代で、後の本土復帰運動の指導者、喜屋武真栄に空手の指導を熱心に受けた。この高校時代の人脈が、後に沖縄の新左翼運動を主導した中心メンバーとなった。

＊沖縄闘争が上演できる大学選び

「国場秀男轢殺事件」における私の抗議行動は、自分では左翼運動とは認識していなかったが、周りからは左翼運動の次世代を担うホープとして期待されたようである。しかしながら、私はまだ、リーダーとしての自覚は希薄であった。

大学に進学するにあたって、私の選択基準としては東京以外の大学はあり得なかった。政治の中心、東京で沖縄の自立解放、本土復帰という「祖国の夢物語」の上演の成功なしには、沖縄闘争の盛り上りはないという極めて簡単なデザインを描いていた。

当時、学生運動の拠点は大学の自治会が担っており、法政大学は中核派、早稲田大学と地元の琉球大学は革マル派の拠点となっていた。従って、それまで新左翼運動のテーマに上がっていないフレッシュなテーマを上演するには、既存の新左翼運動の色に染まっていない大学が望ましく、しかもパリのカルチェラタンのような学生街といえば、日本のカルチェラタンと言われていた神田にある明治大学であった。私は、迷わず明治大学の政治経済学部を選んだ。

おそらく両親は大学で四年間まじめに勉強し、沖縄に戻って公務員として県庁などへ就職し、位牌を無事継承し、普通の生活を送ってくれることを望んでいたと思う。しかし、大学生活は、そんな親の期待を木っ端微塵に砕いた。

東京での下宿先は、県の外郭団体である、財団法人沖縄県人材育成財団が運営している狛江の「南灯寮」にお世話になることにした。ここの初代寮長は西銘順治、戦後初の保守系沖縄県知事である。沖縄県人の学生のために、県はいくつかの寮を斡旋してくれたが、南灯寮は下宿代も安かった。その当時の南灯寮は、様々な左翼主義者の巣窟であり、私もその渦中に飛び込まざるを得ない状況に置かれた。

第4章　新左翼運動の角材スタイル

＊羽田闘争が生んだ沖縄学生闘争委員会（沖闘委）

沖縄のこの時代は、一九六一年五月にアメリカ軍の正規軍から構成された「軍事顧問団」の南ベトナム派遣という名目で本格介入が始まり、一九六五年には北ベトナムへの爆撃、いわゆる北爆が開始されると、沖縄の嘉手納基地からB52が連日ベトナムに向けて飛び立つようになった。

東京では、一九六五年に作家の小田実を代表として「べ平連」（ベトナムに平和を！ 市民文化団体連合）が結成され、ベトナム戦争反対の機運が高まっていく。べ平連は、反米を掲げ無党派の反戦運動を展開。べ平連の基本的なスタンスは「来る者は拒まず・去る者は追わず」が原則で、労働組合や左派の学生団体のみならず、一般学生、社会人、主婦など、それまでの政治的主張とは無関係に多くの参加者を呼び寄せる運動へと発展し、一九六六年には、名称を「ベトナムに平和を！市民連合」に変更し、活動も全国に広がった。フォークソングの流行ともマッチし、ノンポリの学生などがフォークソングを反戦歌として歌うなど、運動はソフトな動きも兼ね合わせていた。

特にべ平連活動の特徴は、デモなどの行動もさることながら、ポスターやバッチなどを作ったり、アメリカの主要紙へ意見広告を掲載、更には反戦脱走兵への援助といった、それまでのデモやゲバ棒を振るうといった暴力行為とは一線を画していた。その後、次第に新左翼運動の各セクトとのつながりが深まるにつれ、一部でイデオロギー色を強める場面もあった。

学生運動の戦術が、それまでの素手でのデモ行進から、ヘルメットをかぶり、角材、棍棒を手に、機動隊に突入していくスタイルに変化し、かつ舗道の敷石を砕き投石を行い、なかには警備車に放火する事態も起きた。

第一次羽田闘争

＊闘争形態が変わった羽田闘争

その転換点になった事件が一九六七年一〇月八日に起きた、佐藤首相のインドネシア、南ベトナムを訪問阻止の「第一次羽田闘争」である。

全国から集結した新左翼、反代々木系（反日共系）全学連の学生約二五〇〇人（警視庁調べ）が、羽田空港入口の海老取川にかかる三つの橋付近で、警備の機動隊約二〇〇〇人と衝突した。弁天橋上の攻防で、京大生山崎博昭が死亡する。

警視庁の発表では、警察官六四六人、学生一七人が重軽傷。警備車七台が放火されて炎上、五八人の逮捕者を出した。これまでの、デモとは明らかにそのスタイルは変化し、ベトナム訪問実力阻止を決意し、ゲバ棒とヘルメットで突撃した学生によって、警備側の予想を超える攻撃性を発揮したことが、警察官と学生の負傷者の差となって現れた。

新左翼の学生は七〇年安保闘争を階級闘争ととらえ、第一次羽田闘争を力による第一次決戦と位置づけ、全国動員で臨んだ。この日を境に、日本の左翼運動は七〇年安保闘争を挟む激動の五年間を迎えることになる。

＊東京でも街ぐるみの反対闘争「王子野戦病院」

続いて翌年の一九六八年三月一八日、東京北区十条台の米軍キャンプ内に設置された、米陸軍第七野戦病院に反対する「王子野戦病院反対闘争」が起きた。「ベトナム侵略戦争は止めろ！」との声と共に、「日本の中のベトナム」の象徴として反戦デモの対象となった。ベトナムから日本に送られてくる傷病兵は月に約四〇〇〇名、沖縄や埼玉県朝霞基地の野戦病院だけでは対応しきれずに首都東京に設置された初めての野戦病院であった。

都議会でも、三月二一日に超党派で病院廃止運動を行うと決定するなど、地元住民はもとより新左翼各セクトだけでなく大きな反対運動に発展したが、この野戦病院はベトナム戦争が下火になった、一九六九年一一月まで運営された。

そして、それまで沖縄にあまり関心を示してこなかった新左翼の各派も、Ｂ52が北爆に向かう拠点の沖縄をベトナム戦争反対の一つのシンボルとして、本土復帰に揺れる沖縄の左翼運動と連携を深め、沖縄での活動を本格派させていった。

＊沖縄の学生を奮い立たせた「与那原君を守る会」

ベトナム戦争の兵站基地として位置付けられた沖縄にとって、ベトナムでの戦闘の拡大は大きな影を落としていた。このなかで、一九六七年の第一次羽田闘争に参加した沖縄学生の処分（国費奨学金の停止、沖縄への強制送還）に抗議するため、「与那原恵永君（九州大学）を守る会」が発足した。こうした動きから沖縄学生闘争委員会準備会（沖闘委）がスタートした。

これ以降、沖縄の学生運動が盛り上がった。一九六八年八月のパスポート（当時米軍が発行した渡航証明書）焼却運動なども、日本人としての身分が不安定で在日外国人扱い（長崎大村収容所管轄）であった沖縄の学生の鬱憤の表れでもあった。警察官の目の前でパスポートを焼却し、敢えて不携帯をアピールする沖縄出身者事件が続発した。このような行動は当然、出入国管理法違反となるが、本土復帰が近づくにつれ、挑発行動に困惑顔の警察官が増加するようになった。とはいうものの本土における抗議運動への参加には、本土の学生と違って大きな危険が伴っていた。逮捕されれば即生活基盤を失った。そのケアの必要性から沖縄学生の扱いには本土の組織も苦労していた。

特に羽田闘争の教訓から沖縄の学生は裏方に配置されることが多かったが、いったん現場に投入されるとその指示も徹底されず、逮捕されてしまう者も少なからずいた。東大闘争においても六八年一二月までには、在日朝鮮・韓国人や沖縄出身者の撤退はほぼ完了し、極力逮捕されない配慮はなされていたが、中には功を焦って抜け駆けして逮捕されてしまう学生もいた。安田講堂攻防戦では、沖縄出身者として二名の逮捕者が出た。

とにかく、私たちにとっては七二年の復帰闘争までに沖縄側の隊列を整えることが組織の方針であり、逆にこの方針がセクトの違いこそあれ、沖縄出身者の闘争様式の実像を薄めてしまった。

＊沖縄学生も参加した「聖域」嘉手納基地突入と泊港強行上陸

一九六九年一一月一七日は、「沖縄の核抜き」「基地の本土並み」という祖国復帰のためにニクソン大統領との三度目の会談に向かう、佐藤首相の出発の日であった。

沖縄では、一九六八年にベトナム戦争反対闘争の一環として、B52の嘉手納撤去闘争が始まり、さらには一九六八年一一月に、ベトナムに向かうB52が離陸に失敗し、弾薬庫近くに墜落する事故が発生した。これを契機に、嘉手納周辺でのデモが激化、翌一九六九年には、沖縄の反基地闘争が本土の新左翼運動の実効性を目の当たりにする嘉手納基地突入闘争が発生する。

この突入事件は、当初は太平洋戦争の終戦日、八月一五日を予定していたが、警戒が厳重のため一日早めて一四日とすることを急遽決定した。実行部隊は、数日前から沖縄入りしていた本土の各大学のメンバーと沖縄の学生の中から決死隊として三名（明大生一名、慶応大生二名）が選抜された。

その日の午後四時半、戦略爆撃機B52の駐機場に近い嘉手納基地第二ゲートを乗り越え、八人の米兵と軍用犬を振り払い、一五〇メートル走ってB52の巨体が翼を休めている真下に入り、そこで全学連旗と中核旗を掲げ振り回した。巨鯨の腹部に銛《もり》を打ち込んだ。

当時、沖縄には目の前に広がるアメリカ軍基地の懐に突入していくという思考はなく、この過激さは、復帰以前の沖縄が行っていたデモで主張するものとは全く異なる「実力行使」という衝撃的な事件であった。私の思考の中でもこれまで思いもしなかった「アメリカ軍基地も実は聖域では無い」ことを実感させられた。まさしく目からうろこの出来事であった。

沖縄自身、危険を承知で自ら進む道を切り開かねば、状況を打破することは出来ないという重い事実を突き付けられた。本土の過激運動の力を借りて沖縄を巡る殻を突き破っていく出発点となった歴史的事件であった。これに触発され、直ちに行動を起こしたのが松村朝義（中大・元沖縄闘争学生委員会）であった。彼は帰郷学生数十名を率いて嘉手納基地に突入を図った。

当時の沖縄におけるアメリカ軍基地は、現在より一五％も大きく、ベトナム戦争のアメリカ勝利のために、他の基地には無い特徴を備えていた。それが、沖縄の国頭村と東村に広がる海兵隊訓練場キャンプ・ゴンサルベスである。

B52撤去闘争

一般的に北部訓練場と呼ばれているが、沖縄のアメリカ軍基地最大の三、五二二ヘクタールの広さを持ち、正にベトナムでのジャングル戦を意識した訓練場である。

私は当時、海兵隊の実地訓練の様子などを探るべく、一泊二日の工程で沖縄本島最高峰の与那覇岳から北部訓練場に侵入した。訓練場の中に設けられていたのは、ヤンバルの原生林をベトナムのジャングルに見立て、谷にはロープの橋がかかり、塹壕には弾除けの土嚢が重ねられ、泥沼には鉄条網が張り巡らされ、更に道には薬莢が転がるベトナムの戦場が広がっていた。

工程の二日目の明け方のこと、突然、「Halt brown mouse!」（止まれ、薄汚れたネズミ野郎）と誰何され、顔に迷彩をメークした海兵隊員達によって自動小銃を突き付けられ、高江にあったキャンプのテントまで連行された。事情を聴かれ「道に迷った登山者」だと弁明すると、スパイとして拘束されることもなく、飲料水と海兵隊員の携行食を与えられ、「Get the fuck out of my face!」（とっとと失せろ）と罵られ高江の国道で解放された。

第二弾の学生たちのステージは、一九六九年一一月一七日の佐藤訪米阻止闘争と直接連動させた、奄美大島の名瀬港で浮島丸を乗っ取り、本土と沖縄の境界である二七度線を突破し、火炎瓶を投げつけながら二〇数名による一一月九日の那覇軍港強行上陸であった。

沖縄側は関西沖問研を中心に部隊編成が行われ、立命館大学の安仁屋宗真が逮捕された。渡航制限撤廃（パスポート焼却）、富村順一の東京タワー占拠事件、皇居突入事件、国会爆竹事件と沖縄出身者による事件が相次ぎ、後のコザ暴動にも影響を与えた事件でもあり、本土の新左翼運動が本格的に沖縄に介入してきた事件でもあった。

この嘉手納空軍基地突入事件、那覇軍港強行上陸事件などは、沖縄の入出管理に必要なパスポート廃止の運動、いわゆる「渡航制限撤廃」を狙いとして組織化された沖闘委（知名襄二・東大）がサポートした。彼らは、出入国管理法違反に問われ逮捕される危険を顧みず、六七年一〇月八日の佐藤首相の訪米阻止闘争へ身を投じ、沖縄闘争の表舞台に沖縄出身者を引き出すという歴史的な役割を果たしたが、六九年夏の東京晴海埠頭での渡航制限撤廃闘争（パスポート焼却）あたりから、本土の学生の後塵を拝するようになった。

沖縄出身学生としての精一杯の矜持を示しはしたものの、これから始まる七〇年代の激動の時代を前に、本土の新左翼運動の過激さについていけないメンバーが出始めた。

沖縄闘争学生委員会（沖闘委）も参加していたが、セクトがもともとバラバラであったことも一因ではあった。やがて所属していた党派の分裂や、あるいは消滅するなどしてチリヂリとなり、沖闘委自身が沖縄の新左翼運動主役の座を占めることはなかった。

第5章　新左翼運動の仲間入り

＊海邦研究会の設立

私はついに新左翼の活動家の仲間に加わった。

明大政経学部自治会の委員長選挙に立候補して当選すると、南灯寮グループを率いて一九六七年一〇月八日、佐藤ベトナム訪問阻止羽田闘争の弁天橋に参加し、機動隊とゲバ棒を振るう経験をする。

一〇月八日の羽田闘争前夜、秋山勝行全学連委員長が放った、魂のアジテーションの叫びが今も心に残っている。

「佐藤訪ベトを許すのか、全学連がそれに介在して阻止するのか、道は二つにひとつしかない！」

「佐藤訪ベトを許すのであれば、全学連の存在意義はどこにあるのだ！」

「自らの命をこの大義にかけ、佐藤訪ベトを阻止せよ！」

これらのアジを聞いていて、沖縄出身者である私の心は揺さぶられ、感動して身体は武者震いで小刻みに震えた。

この闘争で逮捕された九大の官費留学生与那原恵永の救援活動をめぐり、国立大生を中心に沖縄

機関紙「海邦」創刊号

闘争学生委員会（沖闘委）が組織され、東京晴海埠頭の沖縄定期船船上でパスポート焼却闘争が試みられた。

この行動に触発されるように、一九六八年一一月、在本土沖縄青年戦闘行動隊の意味合いを持たせた「海邦研究会」が、私大生や沖縄出身の勤労者を中心に結成された。私も津島一雄委員長のもと書記長として参加することになった。

その組織は、沖縄小禄高校の社研グループが中心となり、会員数は二〇名でスタートした。一九七〇年二月には、沖縄青年委員会に衣替えして機関誌「海邦」も刊行した。ガリ版刷で手作りした。その創刊号に次のように記している。

「私たちは『沖縄の人権回復の闘い』を主体とした連関的社会問題の解明を、目的意識的に志向する過程において促進されねばならない」

「即ち沖縄解放闘争を原点に本土国民、ひいては全世界の人々の最も希求するところの真の平和への理念を成就すべく、主体的運動を通して遂行してゆかねばならない」と。

沖青委の連絡事務所は南灯寮に置いた。そして、機関誌の最終頁に連絡先として私の名前を記載した。

精一杯、背伸びして左翼的修飾語を使って書いた文章であるが、今、普通に読んで、何を言いたいのか良くわからない、気だけ先走った青臭い文章である。しかし、当時の私が抱いた「沖縄人に自由をと叫んだ」「新沖縄青年物語」の舞台上演に向けた役作りへの出立の意気込みなどが、当時の私たちの熱気を良く伝えている。

当時の学生運動の檄文にも流行りすたりがあり、各セクトで若干の違いがあるものの「プロレタリア的人間」「主体の形成」「人間の自己変革は革命闘争の中でこそ実現」「イデオロギー的権威」とかの文言が良く用いられていた。

10・21国際反戦デーの新宿駅構内

＊組織としてデモへ初参加「国際反戦デー」

一九六九年四月二八日の沖縄デーの新橋駅、一九六八年、一九六九年と二年連続した一〇・二一国際反戦デーにおいて、新左翼各派は新宿を中心に各地で機動隊と衝突した。

特に、一九六九年の反戦デーにおいての逮捕者は一五九四人に上り過去最大となった。この一〇・二一国際反戦デーには、新海邦研究会のメンバーを中心とした南灯寮二〇数名もともに新宿のデモに参加した。数名が逮捕されてしまう。留置場は逮捕者で溢れ、収容人員の問題もあってか初犯はすぐに釈放された。

それでも三泊四日の拘置は同志である今帰仁朝勇、仲間功にとってはショックだった。

＊三島由紀夫事件

この騒乱を警察は沈静化できず、その時こそ自衛隊が治安出動し、その存在意義を全国に示す必要があると考えた人間がいた。小説家の三島由紀夫である。

三島はノーベル文学賞の候補にも挙がったほどの、日本の文学界を代表する作家であり、同時に思想的には天皇主義者として、特に自衛隊を国軍化し、憲法九条改正の強い信念を持っていた。

憲法九条は、「敗戦国日本の戦勝国への詫証文であり、国家としての存立を危うくする立場に自らを置くもの」であると断じていた。

三島のクーデターとも言えるこの計画は、デモ隊が騒乱状態を起こし、治安出動が必至となった時、まず三島が創設した民兵組織「楯の会」の会員が身を挺してデモ隊を排除し、自衛隊が出動し、戒厳令的状態下で首都の治安を回復するというシナリオを想定していた。三島の決起によって幕が開くクーデターは、後から来る自衛隊によって完成される。クーデターを成功させた自衛隊は、憲法改正によって、国軍としての認知を獲得して幕を閉じるとしていた（山本舜勝『自衛隊の「影の部隊」』講談社）。

しかし、新左翼各セクトのゲバ棒を振るっての騒乱も、警察である機動隊にあっという間に蹴散らされ、三島が想定した政体が脅かされるような事態は起こらなかった。

失望した三島は、一九七〇年一一月二五日、陸上自衛隊市ヶ谷駐屯地にあった東部方面総監部を訪問し、益田総監を人質として、バルコニーから自衛隊の決起を促す演説をした後、名刀「関野孫六」を使って介錯させ、割腹自殺を遂げたのである。

　三島が新左翼の動きを気にかけていたという事実もさることながら、私たち新左翼が、三島のこの行動から受けた衝撃も大きいものがあった。新左翼が打倒の目標とした、万世一系の天皇を戴きその優越性と長久性をもって国体を維持していくという右翼思想の強烈なメッセージ、死をも辞さない右翼思想の強烈なメッセージは、私たち左翼に対して覚悟をせまる迫力があった

＊沖縄がテーマになった機動隊との衝突

沖縄を取り巻く一九七〇年代は、日米安全保障条約の延長反対を唱える日本社会党や日本共産党が、沖縄の本土復帰を訴えつつも、基地存続が条件の沖縄返還論に反発した。

　本土でも、新左翼の闘争理論や行動が大衆の支持を得ることが徐々になくなり、曲がり角に来ていた。その結果、新たな闘争のステージとして目を付けたのが沖縄であった。

　新左翼運動の様々なセクトや、各種労働組合は沖縄を反安保・反返還のシンボルとして一大運動を画策することになる。

　一九七〇年暮れの一二月二〇日一二時に、コザ市（現沖縄市）で、アメリカ軍兵士が連続して起こした二件の交通事故を契機にコザ暴動が発生する。

　アメリカ兵による事件・事故の多発と、それに対するアメリカ側の不当な処理に憤りを感じていた住民は、この事故処理をめぐって一気に反米感情を爆発させ、七〇台以上の車を焼くなどして

「コザ暴動」を引き起こした。

基地存続の前提での本土復帰は、県民が希望する「核も基地もない平和な島」になることを願っていた県民を蔑《ないがし》ろにするものであり、コザ暴動は、沖縄返還について交渉中であった日米両政府にも多大な影響を与えることとなり、運動を一八〇度転換させることになった。沖縄各地で「沖縄返還協定粉砕」が叫ばれ、デモが頻発した。

本土でも一九七一年一一月一〇日、沖縄返還協定批准阻止のために打たれたゼネスト（一一・一〇沖縄ゼネスト）に呼応した中核派が、渋谷で機動隊や駅前派出所を火炎瓶などで襲撃。規制しようとした機動隊の巡査を鉄パイプで殴打した後、火炎瓶の投擲をして死者一人、重傷者三人を出す事件を起こした。

新左翼陣営は、首都制圧・渋谷暴動を予告し、一部の学生は鉄パイプと火炎瓶を手に白昼、機動隊にゲリラ戦を挑んだ。沖縄の本土復帰を翌年に控え、臨界点を超え、抑えようのない青年・学生のエネ

コザ暴動で放火された車

渋谷暴動で機動隊とにらみ合う中核派

ルギーは、ついに一線を超えた殲滅戦を挑んだ。

第Ⅲ部　坂下門騒乱事件の真実

第1章　在本土沖縄戦闘団

＊「沖縄青年委員会（沖青委）」の誕生

私たちが組織した沖縄青年委員会の前身組織「海邦研究会」は、当初は新左翼セクトの影響の少ない組織であったが、一九六九年一一月の佐藤・ニクソン共同声明で、復帰しても基地がなくならないことが明確になり、沖縄世論も復帰への疑義が生じてきていた。そうしたなかで、沖縄に目をつけるようになっていた本土の新左翼と連携を模索し始める。

私自身も、六九年八月ごろから全学連の嘉手納基地突入を目の当たりにすることで、沖縄の組織も本土の新左翼各派の力を借りて、直接的な運動を行わないと埋没していくのではないかと感じていた。

そこで私は書記長として「海邦研究会」から一九七〇年二月に実践的な運動体として、「沖縄青年委員会」（沖青委）に組織替えを行い、沖縄闘争の中心軸を担う沖縄出身者の組織として新左翼各党派へアピールをした。

沖縄の人材のリクルートも始めた。スタート当時は、過激的な暴力行為を伴う行動とは一線を画し、当時の新左翼との付き合いは、お互いの集会に双方が招かれて「存在価値」をアピールする程度の関係であった。しかし、新左翼の各セクトが党派の路線を組織の中に持ち込むようになると、沖縄青年委員会も、組織の行動方針を巡って対立軸が生まれるようなった。

そうして一九七〇年七月、沖縄青年委員会は、中核派系（沖縄青年委員会）と海邦派系（沖縄青年同盟）に分裂する。改めて、沖縄人とは何かを問う新しいエネルギーの分裂でもあった。

両者の沖縄解放論の違いは、「日本人の一員としてか、あるいは琉球人として沖縄の未来を築くか」という理論上の闘争であった。要は、沖縄は日本の内にあるのかという歴史的認識の違いであり、その違いが心情からくることなのか、民族的相違からくるものなのか、当時そこまでの認識は深化されていなかった。両グループに共通して言えることは、本土の理論を拝借しての「沖縄党」作りを目指したことである。私は中核派が主張した「沖縄奪還論」による沖縄解放の道を選んだ。

何故、アメリカは日本に沖縄を「返す」ことにしたのか。アメリカの目論見は、「祖国へ帰りたい」という沖縄がもつ「望郷心」を上手く利用して、「祖国復帰」という甘い餌で、二七年間続いた「本土復帰＝反米抵抗運動」の闘争心を打ち砕くことにあった。それはまた、ベトナム戦争を経験した日米両政府の沖縄の政策の組み直しでもあった。

日米両政府は、沖縄を「米軍基地永久要塞化」するために、自衛隊をアメリカ軍の支援部隊にして沖縄駐留を強化するとともに、フリーハンドの核の持ち込みであった。

東アジア防衛の日米安全保障条約の核心的部分である沖縄基地永久化政策を決定した一九七二年の五月一五日の沖縄復帰は、日米両政府による沖縄に新たな苦難の道を強いる出発の日でもあった。

沖縄の未来に見えるのは、本土の都合のいいように鎖につながれた基地の島、沖縄である。この時、沖縄の人に残された道は、基地の無い沖縄の原状回復の要求しかなかった。沖縄の返還を日米政府の都合により、様々の不都合な条件を付けさせられ、お情けで返還を受け入れてはならないのである。日米政府のご都合主義は、左右を問わず多くの沖縄人の魂の中に怨みとなって沈殿した。「アメリカに奪われた島」を平和的であれ、民主主義的であれ、暴力的であれ、「奪い返してやる」という全島的土地返還運動が必要となるのは当然であった。

この思いは、中核派のいう「奪還論」とつながった。中核派はアメリカから沖縄を返還してもらうのではなく力で奪還し、日本のプロレタリアート革命が成就すれば、沖縄の解放も果たせるという主張だった。当時、私は革命が起これば沖縄は自由になると本当に思っていた。

ところで、海邦派は、沖縄人はヤマト民族と同一ではなく、琉球人として沖縄の自立を目指すという考え方であった。いわゆる沖縄独立論である。私は、海邦派から突き付けられた「奪還という言葉の中に本土人の傲慢さを感じる」と言い放たれた訣別の言葉に、私は胸に突き刺さる痛みのような感覚を持っていた。私の中にあったのは、「沖縄奪還論」は手段であり、本質は組織的にしっかりした本土の党派との連携が不可欠であると認識していた。

その理由は「海邦研究会」を立ち上げた頃、下宿先である南灯寮で上映された一六ミリ映画、沖縄（八重山）出身の北川監督（本名安室孫生）が制作した「パーランク（エイサーに使う小太鼓）」の一シーンに、天皇にパーランクを投げつけて謝罪を求める場面を見て、天皇を断罪させる計画は、沖縄だけのテーマではなく、本土も同様天皇の被害者でもあると、気づいた。実行にあたっては、本土セクトとの一体化がどうしても必要と考えていた。

また、沖青委が中核派を選んだ要素の一つに、天皇制を批判する『天皇ボナパリズム論』[*]を出して、天皇制を批判する唯一の党派であったことにもよる。

＊天皇ボナパリズム論（中核派本多延嘉書記長著）どの勢力も支配的地位を占めることができない状態において、調停者のように振る舞うことでうちたてられてきた天皇の権力体制をいう。

私たちから分かれ、沖縄青年同盟（沖青同）を結成した海邦派のように親中国派的な考え方は、一方においては沖縄の歴史の中で醸成されたＤＮＡでもある。「農村から都市を包囲する」という毛沢東農村革命論に傾注していたＭＬ派（日本マルクス・レーニン主義者同盟＝中国毛沢東主義者）とノンセクトが中心で、「沖縄が本土を包囲する」「沖縄自立解放」「沖縄独立」を目的とした。この、沖縄に対する正義を求める動きは、沖青委や沖青同のみならず、沖縄の学生闘争を行っているいくつかのセクトにも同様の波が起きた。

ベトナム反戦、反安保の運動を遂行していく新左翼各派の沖縄出身者の囲い込みは、本土復帰のあり方の違いを正当化するための動きであった。従って新左翼各セクトの論理の違いは大同小異、五十歩百歩にもかかわらず、実態は沖縄出身者囲い込みのための分裂でもあった。そのため沖縄の正義を掲げて集まった仲間の中にも党派性が生まれた。結果として沖青委を去っていったメンバー達とは、方向性の違いはあれど議論しながらも団結していた。しかしながら決定的な分裂は些細な出来事がきっかけとなって発生する。

集会へ参加する際の白ヘルメットの着用を巡っての議論がその引き金となった。その当時は白ヘルをかぶると中核派になってしまうことに対する反発であり、分裂して沖青同となった彼らは赤のヘルメットを被るようになった。

私にとっての痛手は、高校時代からの親友でもあり同志でもあるメンバーの間で、暴力沙汰が発生し、暴力を振るった側も振るわれた側にも心の傷が出来てしまったことであった。私はその現場にはいなかったとはいえ、皆をまとめきれなかった責任の一端はあった。

こうして、それぞれの道を歩きだした仲間達は、本土での経験と知恵を得て独自性を出した「冒険」闘争を次々と試みていく。そして、その先駆けが一九七一年九月の皇居突入、いわゆる「坂下門騒乱事件」であった

*ヤマトの下で翻弄された沖縄

沖縄は琉球の時代から、日本（薩摩）と中国（明）の支配の下で生き延びてきた。徳川幕府にとって九州の南端、薩摩と薩摩に治めさせていた琉球は、アジア貿易の戦略的重要拠点であり、地政学的にも墨守すべき拠点でもあった。

日本史では徳川時代は鎖国の時代とされているが、徳川幕府は琉球を利用し、中国やタイ、ベトナムなどの東南アジア諸国との貿易拠点として、琉球は擬似国家の役割を強制され、時代の変遷に伴って大国の思惑の下、王朝国家としての体裁を辛うじて保っていた。

首里城正殿の右側には薩摩番所が一六二八年から明治維新まで置かれた。建前の役割を約三〇〇年続けてきた。当然、中国（明）側も薩摩支配の実態を知っており、中国にとって冊封体制という建前の隷属を崩さなければ黙認をしていた。中国は那覇の久米町に築いた中国人村（王朝の建設協

力と沖縄の諜報機関の役割）を通し、逐次日本の動きをキャッチしていた。

中国（明）は、豊臣秀吉の明攻めを忘れることはなかった。明は国防の一環として鎖国に近い「海禁策」を採用しており、明の商人が海外との交易を担うことは出来なかった。その代替の役割を負ったのが琉球であった。

中国（明）にとっては、琉球を通して日本の状況を掴むことに加えて、周辺諸国（夷狄）と軍事衝突を繰り返していた状況は、火薬に必要な硫黄、武器として最高の切れ味を誇る日本刀、それに中国刀の原料となる鋼を必要としていた。

鎖国を国法としている日本（徳川幕府）にとって、琉球を東南アジアや中国の出島として運用する地政学的な意味合いからも戦略的な地域であった。

しかしながら、徳川幕府にとっては琉球を介しての交易権益を手に入れようとした目論見は、結果として薩摩の懐を潤すことになってしまった。薩摩が領土化した奄美の黒糖取引による利益が幕府滅亡の一つの要因となったのは、歴史の皮肉である。この歴史の皮肉による徳川幕府の滅亡は、沖縄に更なる試練を課すことになった。

明治近代国家の成立に伴い日本民族として統一され、天皇制中央集権国家に組み込まれた沖縄は、天皇の赤子として日露戦争、日中戦争（日支事変）、太平洋戦争（大東亜戦争）に動員され、太平洋戦争における沖縄戦という猛毒を飲まされた。戦後は昭和天皇によるアメリカ軍の沖縄長期駐留を望むと言う天皇メッセージによって、アメリカの統治下に置かれるという悲運の運命をたどらざるをえなかった。

第2章　天皇家にもの申すべき候

＊聖域皇居への「住居侵入罪」と事件が及ぼした影響

沖縄返還運動は、祖国へ合流する光の部分のみで語られるべきではない。光と同時に日本国の「防衛」を否応なく背負わされる影の部分が同時に交差する作業が行われた、歴史的な出来事であった。皇居への侵入闘争の核心は、沖縄が背負わされてきた影、即ち負の清算を問いかけるものであり、まさしく取り押さえられ、逮捕されることを前提に裁判を通して沖縄を焦土化した賠償責任と日本人三一〇万人の犠牲（一九六三年五月一四日閣議決定「戦没者追悼式の実施に関する件」での戦没者）を生み出した天皇の戦争責任を改めてクローズアップさせることであった。

＊坂下門騒乱事件とは

私たちが起こした、坂下門騒乱事件は、私が語るよりも、ウィキペディアに事件の詳細が載っている。その概略を知ってもらうために一部転載する。

一九七一年九月二七日より昭和天皇はヨーロッパ諸国七ヶ国を歴訪することになった。

日本の新左翼は「天皇制イデオロギー利用による反動攻勢」と捉え、「天皇訪欧阻止」を呼号する。

九月二五日午前一一時五五分頃、白の乗用車が皇居坂下門前に乗り付け、警視庁丸の内警察署坂下門見張所に発煙筒を投げつけ、そのまま坂下門に突進してきた。

警視庁の警戒線が突破されたため、皇宮護衛官は直ちに車両阻止柵を門に置き、不審車を停車させた。

車の中からは犯人四人が飛び出し、発煙筒を投げつけたり、ヌンチャクを振り回すなどして、皇宮護衛官に襲い掛かった。そして皇居内に侵入し、二〇〇メートル先の宮内庁庁舎に向かった。

皇宮警察坂下護衛署の皇宮護衛官二四人と追跡してきた警視庁警察官二人は宮内庁中央玄関で四人を取り押さえた。犯人は拘束後も黙秘していたが、「中核」「沖青委」「天皇訪欧糾弾」と書かれた白のヘルメットを被っていたことから、中核派の構成員と見られた。裁判は少年とその他三人に分離して行われた。

一九七二年三月、裁判所は少年に懲役二年六月執行猶予三年を言い渡した。

その他の三人については一九七五年三月に懲役三年執行猶予四年が言い渡された。

（以上　ウィキペディアより一部転載）

＊坂下門騒乱事件の立案に向けて

私の記憶を呼び起こし、この事件の裏話をもう少し付け加えてみたい。

この騒動の狙いは、天皇制打倒という側面より、沖縄を悲劇の島とした沖縄戦の責任から昭和天皇も免れることは出来ない。戦後実施された全国行幸では、沖縄のみが訪問の対象から外された。慰霊に来られないという事実は、沖縄戦での県民の命を蔑《ないがし》ろにしたという県民感情が、当時相当数沸き起こっており、ウチナンチューとして到底納得がいくものではなかった。

私たちにとっては、ヨーロッパ歴訪や訪米の前に、先ず沖縄に慰霊に来るのが筋であるとの思いをベースに、まがりなりにも政治闘争としての論理構成を完成させ、昭和天皇の戦争責任のほかに天皇制そのものにも言及して「天皇制の是非に関し、法廷というステージで争う」という裁判闘争を目的とした、新たな闘いへのステージ創造が本質の狙いであった。

本土復帰を願っていた沖縄で、本土復帰反対の動きが出た経緯の一つが、日米安全保障条約の延長であった。私は六九年の沖縄返還交渉が進むなかで、昭和天皇が果たす憲法第一条にある象徴だからこそ行える、天皇をしてアメリカへお詫びのために行かせるという政治利用こそが、今回の訪米であるということに気がついた。時の首相佐藤栄作は、沖縄返還に天皇を絡めるやり方で歴史的な偉業を作り出そうとしていた。私は天皇の巡幸や植樹祭などを見ていて、昭和天皇の沖縄訪問の要求と沖縄戦における二〇万人の死者への謝罪運動をどう具体的な形として作り出すかを考えていた。天皇の沖縄からの逃亡は許せないと怒りがこみ上げていた。

＊坂下門騒乱事件のヒント

「坂下門騒乱事件」の実行計画立案に協力してくれたのは、立命大部落研にいた沖縄二世である具志頭公保である（立命大の沖問研と部落研は最大の関西の拠点であった）。

　彼は、大阪の部落出身でもあり、天皇制における部落差別と沖縄差別の同質論を主張していた。関西における部落差別を「国内差別」として「階級的」に作られ、大和朝廷の黎明期より、天皇を頂点とし、先住縄文人たるアイヌ人などは、律令制における被差別階級に位置づけ、隷属的に支配されていったとの主張である。このような主張は、天皇の赤子たらんとして沖縄戦で辛酸を舐めた沖縄人と通底するものがあった。裁判も闘争手段として活用するためには、何らかの事件を起こすことが必要であった。

　私たちが原告として、天皇の戦争責任と沖縄に対する謝罪を求める裁判などは、はなから起こせるはずもなく、残された法廷闘争の手段は、私たちが被告となって沖縄の正義を法廷に訴えることしか無かった。

北原泰作 二等卒

　坂下門騒乱事件の参考として研究したのが、松本清張の『昭和史発掘』に載っている「北原二等卒直訴事件」であった。この直訴事件とは、一九二七年一一月一九日（昭和二年）、名古屋練兵場での観兵式で昭和天皇に軍隊内部の部落差別の存在と待遇改善を叫んで部落出身の北原泰作が直訴したもので、北原は付け剣をしたままの歩兵銃を左手に、右手に直訴状を掲げて昭和天皇の前に進んで行った。逮捕後、軍法会議で闘い、死刑を免れ、不敬事件として懲役一年の判決で終わった事件である。最下兵二等卒北原は、被差別者の「声なき声」を、自らの命を投げ出して天皇の赤子の扱いを訴えた。

＊昭和天皇に二度切り捨てられた沖縄

改めて、私たちが起こした坂下門騒乱事件の動機を引き出した昭和天皇の歴史的な役割をドキュメンタリーとして振り返ってみることにしたい。

沖縄を切り捨てる意思が表された終戦間際の「天皇親書」の存在を、本土の人間はどれだけ知っているだろうか？　この親書、太平洋戦争の敗戦も必至の一九四五年の春から秘かに画策されていた。

一九四五年二月一四日、近衛上奏文なる提案が昭和天皇に上げられた。「最悪なる事態」＝「敗戦は避けられない」従って「国体」を守るために停戦の手を打つべきという内容であったが、昭和天皇は即時停戦を拒否し、こう述べた。

「今一度戦果を挙げなければ、粛軍の実現は困難である」と。この考え方は、昭和天皇が常に胸に気持ちとして持っていた「一撃講和論」であり、近衛の提案に対してハッキリ言葉にして打ち出されたのだ。講和には少しでも有利な条件を引き出すため、どこかで一つ連合国軍に打撃を与えて、その戦果を持って、中立条約を結んでいるソ連を仲介にして、アメリカと和平に持ち込むことが必須条件と考えた。

戦時中の国家のありようは、明治政府によって作り上げられた、万世一系の天皇を国の主権として成り立っている、観念として構築された日本の姿である。国体護持の名のもとに軍部支配を正当化する役割を果たした。従って、国体の存続は天皇制の維持であり天皇の命を永らえることでもあった。近衛の言う国体護持は、日本を救うことと同じく昭和天皇の命を救うことでもあり、なんとしても敗戦による国体が崩れることは避けなければならなかった。

しかし、皮肉なことに、国体の護持の二面性（国民と天皇）は、昭和天皇が危惧したような結果にはならなかった。敗戦による国体（天皇大権と国民の命）は、天皇の命（国体の継続）を救うという矛盾性を内包した終戦処理がＧＨＱによって行われた。

この敗戦後の国体の姿という近未来を読めるはずもなく、この時、ドイツ、イタリアとも敗戦は必至であり、一九四五年四月二八日、イタリアの戦争指導者ムッソリーニはパルチザンに捕らえられ、愛人とともに逆さ吊りにされて殺され、一九四五年四月三〇日にはドイツのヒットラー総統が自殺する。

天皇が国体維持、即ち、戦争責任を追及され自身の生命が危うくなるかもしれないと怯えたのは、ある意味当然の感情でもあった。昭和天皇は、日ソ中立条約を締結していたソ連を介し、連合国側との和平交渉の勅命特使として、七月に近衛文麿を任命して停戦の条件に付いて交渉をさせようとした。条約の骨子は、国体護持と日本固有の国土を守るために、沖縄、小笠原、樺太を捨て、千島は南半分を保有するという内容であった。しかし、結果的には、近衛特使派遣はソ連から拒否されてしまい、訪ソそのものも叶わなかった。

この時、ソ連は一九四五年二月にヤルタで開かれた会談で、太平洋南方戦線での予想外の兵員犠牲に困惑していたアメリカとの間で、「樺太と千島の割譲」という条件と引き換えに、ドイツ降伏から三ヶ月以内の対日参戦で合意しており、日本政府の依頼を受ける気など毛頭なかったのである。七月に開かれたポツダム会談で、ソ連は近衛特使の件をアメリカ・イギリスに明かし、その上で、ソ連は、日本の要望は無視する事を連合国側と共有した。

七月二五日、日本の無条件降伏を求めるポツダム宣言が発せられた。連合国側の無条件の内容は、すでに昭和天皇が意思表示を行った沖縄を日本固有の領土とは見なさずに放棄してもかまわないという内容と一致する事実である。

このわずか一ヶ月前に、沖縄では県民を巻き込み二〇万人の犠牲を強いた捨石作戦が行われていたにも拘わらず、捨石とした沖縄の犠牲を無視し、近衛に持たせようとした「天皇親書」では、沖縄を捨て、日本固有の領土とはしないとした。

更に驚愕すべき事実は、終戦から二年経過した一九四七年九月、昭和天皇がGHQ外交局長のウィリアム・ジョセフ・シーボルトに、伝えたとされるメッセージがある。

このメッセージは、昭和天皇がアメリカによる沖縄の軍事占領継続を望んでいたことや、沖縄占領は日米双方に利益をもたらし、共産主義勢力の増大を懸念する日本国民の賛同も得られると述べている。

この「琉球諸島の将来に関する天皇見解」は、政府内でも極秘扱いとされていた。

しかし、メッセージが発せられた三二年後の一九七九年に発刊された雑誌『世界』に筑波大学助教授（当時）進藤榮一が、「分割された領土―沖縄、千島、そして安保」というタイトルで、昭和天皇が沖縄を人身御供としてアメリカに差し出すことにより戦後の日本が形成されてきたとする論

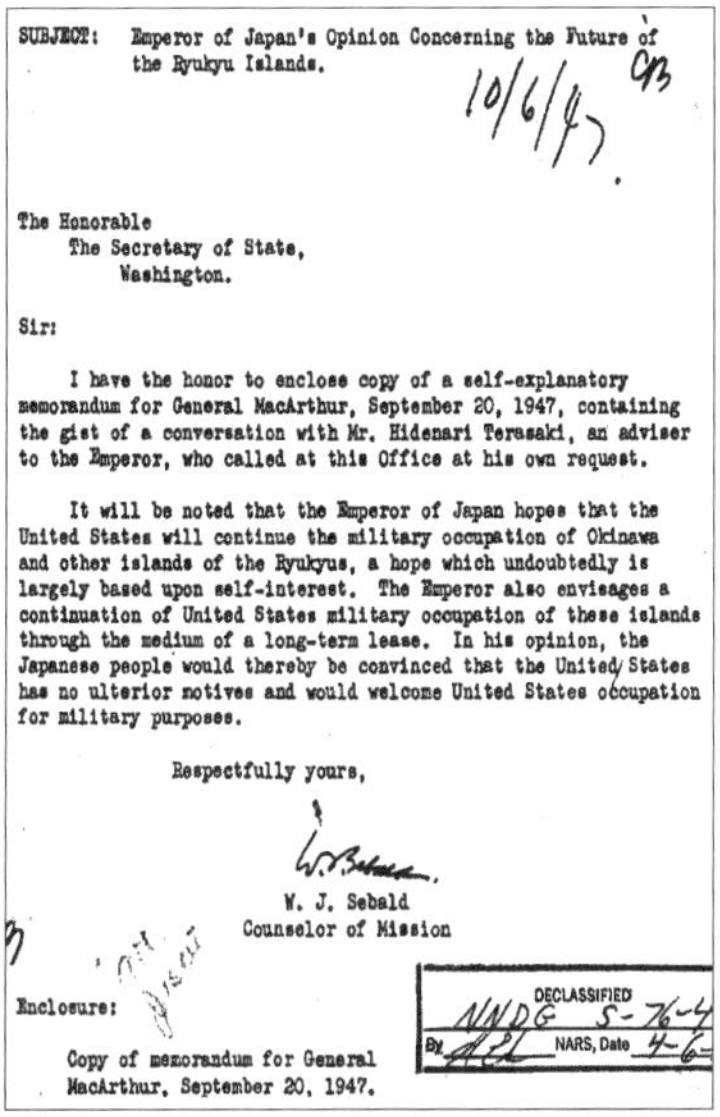
SUBJECT: Emperor of Japan's Opinion Concerning the Future of the Ryukyu Islands.

10/6/47.

The Honorable
The Secretary of State,
Washington.

Sir:

I have the honor to enclose copy of a self-explanatory memorandum for General MacArthur, September 20, 1947, containing the gist of a conversation with Mr. Hidenari Terasaki, an adviser to the Emperor, who called at this Office at his own request.

It will be noted that the Emperor of Japan hopes that the United States will continue the military occupation of Okinawa and other islands of the Ryukyus, a hope which undoubtedly is largely based upon self-interest. The Emperor also envisages a continuation of United States military occupation of these islands through the medium of a long-term lease. In his opinion, the Japanese people would thereby be convinced that the United States has no ulterior motives and would welcome United States occupation for military purposes.

Respectfully yours,

W. J. Sebald
Counselor of Mission

Enclosure:

Copy of memorandum for General MacArthur, September 20, 1947.

DECLASSIFIED
NNDG 5-76-4
By　NARS, Date 4-6-

２頁の天皇メッセージのうち、１頁目の中心部分

文を掲載した。

天皇メッセージは、当時、アメリカをして、沖縄を対共産主義の最前線基地に据えるという戦略の採用につながり、結果として、日本の主権から沖縄を切り離し、アメリカの軍事占領にまかせるという、戦後の沖縄の出発点ともなったのである。天皇メッセージが発せられたこの時、既に「日本国憲法」は一九四六年一一月三日に発布され、天皇は象徴として皇室及び天皇制の継続は決定され、憲法の下で政治的な行動は禁じられていたにも拘わらずである。

天皇のメッセージの意図の一つが、第二次大戦の終結により新たに起こった共産主義ソ連と欧米諸国との争い、いわゆる冷戦の片棒を担ぐことであった。

国内でも一九五二年五月一日、血のメーデー事件と言われた左翼団体による暴力革命の実践として、皇居前広場周辺でデモ隊が警察隊と衝突、多数のけが人や逮捕者が出た騒乱事件が起きていた。

このように天皇制を認めない共産主義に怯えた天皇が、沖縄を人身御供にすることにより自身の安泰を画策したことがその一因である。

その意味で、昭和天皇は戦前戦後の二度にわたり沖縄を捨てたのである。

この天皇メッセージが公になったのは、私たち沖青委の「皇居裁判」を始め、沖縄の青年たちが正義を成すとして立ち上がった一連の動きが終末に向かう中の一九七九年八月であった。私にとっては、天皇への謝罪闘争を決意してから一〇年目の出来事であった。

私たちが天皇の沖縄への謝罪を求める皇居裁判を体験している中で、「昭和天皇が沖縄を売った」との所感は更に深まっていたが、まさか、昭和天皇が共産主義革命に怯えて沖縄をアメリカ軍に売り渡す「約束手形」を発行していたとは夢にも思わなかった。しかも象徴天皇の立場で手形を振り出していることに衝撃を受けた。

今、沖縄県民が苦しんでいるアメリカ軍基地そのものの当事者ではないか。その時、私の心の中で浮かんだ思いは、南の防人として大地を血色に染めた沖縄の悲惨を背にした「皇居乱入事件」ではあったが、国民からバッシングを受け、非国民のレッテルを貼られてしまっていた。「せめて五年でもこのメッセージが早く公になっていれば、昭和天皇に堂々とけじめを求める戦闘旗として高々に掲げ、沖青委の旗は失せることなく沖縄の誇りと意地を強烈に示すことができたのに」との心の叫びであった。

この沖縄を売り渡すというメッセージは、沖縄戦での多大な犠牲を強いられた県民にとって、沖縄を捨てても構わないという意思は、明治維新以降、ヤマトの皇民化政策を強要され、戦いにおいては天皇の赤子として散ることを定められたウチナンチューとしては、どのように考えても受けいれられるハズもなく、「私たちの行為もヒーローとして礼賛されるチャンスもあったのに」との思いであった。

皮肉にも天皇メッセージが世に出た七九年は、役割を終えた沖青委の組織としての解散と私自身の新左翼の隊列からの離脱を決めた年月と重なった。

本土の沖縄に対する、差別し蔑む鉄の鎖のような歴史観を打破できるかも知れないと思わせた学生運動との遭遇は、一条の夢かのように遠ざかり、残された新左翼の組織も沖合で全てを加工してしまう蟹工船のような自立的ではあるが閉鎖的な存在のように思えた。

本土の束縛から解放され、沖縄の正義を成すための新世界を追い求め続け、消え入りそうな沖縄の怨念たる情念をかろうじて熾火《おきび》として残せた一〇年間の旅でもあった。

近衛に託そうとした「天皇親書」並びにこの「メッセージ」によって、昭和天皇に裏切られたと感じた県民の「差別意識」「捨て子意識」「被害者意識」は、天皇に対して、そして本土に対しての沖縄の持つもう一つの「闇に巣くう感情」でもある。

このメッセージを発したことにより、平和憲法下で象徴となった昭和天皇は、自ら政治的なテーマを口にするという憲法違反を犯したのだ。平成天皇の生前退位発言どころではない、絶対的かつ確信的に憲法違反を犯したにも拘わらず、この事実が公で論じられることもなく、政府はメッセージから一〇年近くも闇の中に封印していることにより、昭和天皇は沖縄に強い負い目を感じ取ったかは不明だが、戦後、全国各地を行幸されたにも拘わらず、ついに沖縄に行幸することは無かった。

琉球に対する薩摩侵攻、明治政府による琉球処分、太平洋戦争で本土防衛の捨石とされた沖縄。

沖縄戦の玉砕を覚悟した、海軍中将大田實は、海軍次官あてに「一木一草焦土と化せん。糧食六月一杯を支うるのみなりという。沖縄県民斯く戦へり。県民に対し、後世特別の御高配を賜らんことを」と残して自決する。

しかし、戦後の沖縄の状況は、大田中将の死を前にしての懇願もむなしく、昭和天皇は共産主義革命に怯え、自身の命の担保として、沖縄をアメリカに提供することをメッセージに込めたのである。沖縄人が持つ、昭和天皇に対する戦争責任の感じ方は、一九七〇年当時には本土のそれとは次元が全く異なる怨念の感情であった。

＊ＧＨＱ憲法と天皇制の真実

ＧＨＱ憲法もしくは戦後憲法と天皇制のあり方を、もう少し詳しく見てみたい。

大日本帝国憲法（旧憲法は）は天皇を国の統治者と位置づけ、「天皇大権（統帥大権、非常大権、緊急命令発令大権、官制大権、戒厳大権）」という絶対的権力者であった。現代では、首相は議会の解散権を持ち、首相は議員による互選である。しかし、旧憲法の下では首相に解散権はなく、首相指名は天皇の独占的な権限によって指名されていた。天皇がこの権限に背を向け、側近や軍部が好き勝手に暴走したとしても、その責任は、権限に背を向けた天皇にあると、言わざるを得ない。従って、天皇が戦争責任の免責を受けることは、憲法の文言上あり得ず、免責を得るには高度な別の力を動かす必要があった。連合艦隊総司令官の山本五十六は、戦争の見通しについて近衛文麿から聞かれたとき、

「半年や一年はずいぶんと暴れてご覧に入れますが、後はいけません」と答えた通り、開戦から七か月弱過ぎたミッドウェー作戦に大敗し、海軍は、なけなしの空母、航空機、搭乗員を失い、更にその二か月後のガダルカナルの戦いで陸軍も大敗を喫して、戦局は坂道をころがるように日本不利へと転換していった。戦争は必ず勝者と敗者が存在する。

敗者としてその先を見据えた時、日本の最優先事項は「天皇制の維持」（国体護持）となった。そして、勝者となるアメリカにとっては、日本の占領政策と力を付けてきた共産主義大国ソ連の脅威であった。そのためには、終戦に向けての一手一手が極めて重要な意味をもつ。

一九九〇年、宮内庁御用係であった寺崎英成によってまとめられた『昭和天皇独白録』が公表された。それによれば、昭和天皇は、ニューギニア戦線における苦戦から、一九四三年九月には、自ら敗戦を確認し、連合国と講和に入るべきと認識していたが、そのためには講和の条件闘争、即ち天皇制の維持のためには、その前に戦術的な勝利を必要としていた。この昭和天皇の、あり得ない発想が、その後の日本、とりわけ沖縄の大きな悲劇へとつながった。

＊終戦までのそれぞれの時間

ヤルタ会議からソ連の参戦を薄々感じていた日本側は天皇制維持を狙ったあるべき負け方を、一方アメリカ側は日本の敗戦後に起きるかもしれない共産主義革命を回避したいとの思惑から、その先にあるソ連とのせめぎあいを見据えた対応が急務となっていた。更に世界最強の軍事国家となるための兵器、原子爆弾の完成が待たれ、その実証実験の場として、日本を選んだ。この原爆が実験であった証拠は、原爆と一括りに呼ぶが広島型と長崎型は原料も構造も異なっていたことで分かる。

そして日本は、天皇制維持の条件闘争（一撃講和）の一つとして、沖縄は昭和天皇の意向によって一撃講和の舞台、もしくは天皇親書の人身御供として、いずれにしても切り捨てられる運命を負わされた。昭和天皇は沖縄での最後の戦果を期待し、出撃させる必要のない大和を投入し、そして最後の航空特攻は台湾から転身させた木製布張りの練習用複葉機「赤とんぼ」を沖縄宮古島から出撃させた。

ソ連は、その間隙を縫うようにして北方領土の強奪のために、一九四五年八月一五日をゴールとして残された時間で動き始めていた。

即ちアメリカの原爆投下、ソ連の参戦（樺太、千島列島などの北方領土の強奪）は、死に体の日本にそれぞれの思惑で「まだダウンするな、立っていろ」として、時間的な手加減を加えた。決して原爆投下が戦争の早期終結の目的に使われたのではなかった。

＊もう一人の捨て子・北方領土

ソ連は、昭和天皇が親書で差し出した北方領土の既得権化のために、玉音放送によって太平洋戦争終結を受け入れ、武装解除を命じた八月一五日の翌日、北方領土に侵攻した。

八月一六日に南樺太へ、八月一八日には占守島に砲撃を始めると千島列島へ雪崩れ込んだ。ソ連軍が樺太、千島列島の全てを占拠したのは九月五日であり、日本政府がアメリカ戦艦ミズーリ号で九月二日に降伏調印を行った後まで、北海道占領に向けて北方領土を攻め続けた。

アメリカは、ソ連の北方領土に対する天皇親書には裏書きしたが、ヒットラー降伏後のヨーロッパの再建と領土をめぐるソ連の領土拡張の野心に苦しめられたアメリカは、ソ連が北海道を占領し領土化することは何としても避けたかった。

ソ連は北海道の占領を目論み、戦後のアジア共産化の戦略を描いていたが、北方領土の占領に九月までかかり、北海道を占領する時間を失ってしまった。更に一九四五年一〇月、スターリンは原爆の原料であるウランを採掘できるブルガリアとルーマニアにおける優先的地位を得るため、アメリカが日本の独占的地位を認めるという交換取引の密約を行った。

一方、ソ連の北海道占領の時間を戦術的に稼いだのは、八月一八日に始まった占守島の戦いで、島を守備していた第五方面軍指揮下の第九一師団であった。この戦いで、ソ連軍に戦死傷者三〇〇〇名以上の大損害を与える大勝利となった。

天皇制を否定する共産主義は、天皇制とは真逆の概念であり、この占守島の勝利が無ければ、昭和天皇の命も、象徴天皇を明記したＧＨＱ憲法も無かったかもしれない。日本は、二分された朝鮮半島と同じ運命をたどる可能性もあった。

ソ連の満州攻撃以降、九月五日の北方四島の占領が起こるなかで、ソ連に対抗するアメリカは、原爆の完成に成功し、日本の統治と日本を米軍基地化するために、日本国憲法の作業を急ぐ必要性があった。

日本国憲法はある意味、ソ連・中国を見据えたアジアにおける対共産圏防衛拠点化のための企てと天皇制を残したい日本との合作とも見て取れる。

結果として、資本主義と共産主義の戦い「東西冷戦」は昭和天皇を救い、朝鮮戦争やベトナム戦争など、アジアにおける混乱は日本を経済大国に押し上げていった。

アメリカの誤算は、中国において毛沢東が蒋介石に勝利したことである。中国大陸が共産主義化し、ソ連と組んで太平洋のシーレーンを抑えられることは、アメリカの国益にとって何一つとしてプラスになるものは無かった。その阻止のためには、日本の軍事復活が必須であり、わざわざ憲法九条に戦争放棄と軍備の破棄を載せてしまった手前、警察予備隊なる軍事力の復活を命じざるを得なかった。

沖縄基地の永久租借については、共産主義の広がりを阻止しようとする防波堤として、昭和天皇のメッセージを格好の口実にして日米双方が合意した結果によるといえよう。

北方領土は戦後七〇年以上経っても、固有の領土であるはずの国後、歯舞、択捉、色丹の返還に昭和天皇の振り出した捨て子という手形の意を汲み、ロシアは未だに応じようとしない。返還交渉が実を結ぶ唯一のチャンスは、一九五六年一〇月に、鳩山一郎首相とソ連のブルガーニン首相が「日ソ共同宣言」に署名した時だった。

この時ソ連は、歯舞群島及び色丹島を日本に引き渡すことに同意していた。ただし、条件として、平和条約が締結された後と明記されていたのだ。しかしながら、日ソ（ロ）平和条約は未だ締結されず、歯舞群島及び色丹島の二島も返ってこない。

二〇一六年五月には、安倍首相が双方に受入れ可能な解決策の作成に向け、今までの発想にとらわれない「新しいアプローチ」で交渉を精力的に進めていくとの認識を共有したとして、返還への期待感を国民に持たせたもののプーチン大統領に体よくあしらわれて成果無しで終わった。

今や、北方領土のみにとらわれず、ヨーロッパからシベリアまでの共同開発等までを視野に入れて、日本ロシアの双方の国民が納得する解決策を生み出すことが求められている。

北からの脅威がある限り、沖縄の米軍基地は返還されない、同様に米軍基地が存在する限り北方領土は返還されない。この相反する方程式をどのように解くのかは日本の政権を担う者の役目である。

第3章　天皇の戦争責任

＊極東軍事裁判で免責された戦争責任

昭和天皇の戦争責任については、極東軍事裁判の初期には連合国側の一部、オーストラリア、イギリス、ソ連、中国などは、昭和天皇に戦争責任があると考えていた。昭和天皇は軍の統帥権を持つ国家元首であり、大日本帝国陸海軍の最高指揮官（大元帥）であったという事実である。このため昭和天皇は、太平洋戦争を指導した戦争責任があるとして、連合国側によって訴追対象になる可能性があった。

しかし、現実には昭和天皇の戦争責任どころか訴追の対象にもならなかった。ＧＨＱが、日本の占領政策を不都合なく推進するために、天皇制の利用は日本の占領政策に不可欠なものと認識したことによる。

終戦時の混乱に乗じて起こる共産主義革命を阻止しようとして日米両国の思惑が一致し、特にＧＨＱの最高指導者であったマッカーサーが、天皇制の利用を最大限説いたことに起因している。マッカーサーが昭和天皇の戦争責任を追及せず利用しようと考えた経緯として定説になっているのが、昭和天皇と二人きりで行われた会談にあるとされている。

戦争終結後すぐの一九四五年九月二七日、マッカーサーは昭和天皇の訪問を受け、次のような発言があったとされている。

「日本国天皇はこの私であります。戦争に関する一切の責任はこの私にあります。私の命においてすべてが行われました限り、日本にはただ一人の戦犯もおりません。絞首刑はもちろんのこと、いかなる極刑に処されても、いつでも応ずるだけの覚悟があります」

この発言に感動したマッカーサーは、戦争責任を追及することを行わなかったとのエピソードである。しかし、そのように国民を思う気持ちと沖縄を差し出すという天皇メッセージとは余りにもかけ離れている。同じ人格が発言したとは到底思えないほど沖縄を蔑《ないがし》ろにしている。

マッカーサーと昭和天皇

昭和天皇の「全責任を負う」との発言は、あまりにも美談に過ぎ、マッカーサー回想記にのみ記されている発言である。そもそもマッカーサー回想記そのものが史書ではなく、マッカーサーが自らを英雄視し、優れた統治者として自画自賛して書かれた自叙伝に過ぎない。

マッカーサー以外で昭和天皇の発言を聞いたという人間は、マッカーサーから聞かされた傍証に過ぎないのだ。この会談の詳細は、日米両国とも公にしなかったが、通訳官として同席した奥村勝蔵が作成したメモがある。このメモの内容は、『マッカーサー』元帥トノ御会見録」として「文藝春秋」（昭和五〇年一一月号）で児島襄によって公表された。

会見録によると、マッカーサー回想記にある、戦争の「全責任を負う」との発言は存在しない。この記事に追随するように、二〇〇二年一〇月、外務省は第一回天皇・マッカーサー会見の「公式記録」を公開した。

児島襄が公表した会見録とほぼ同一の内容であり、日本政府の公式文章には、昭和天皇が戦争の「全責任を負う」とした発言は認められていない。通訳として同席した奥村は、ワシントンの日本大使館に一等書記官として勤務し、日本政府の宣戦布告の暗号文の翻訳に手間取り、真珠湾攻撃前にアメリカ政府に渡すことが出来なかったという大失態に関与した人物でもある。

外交文章の形式にこだわった野村吉三郎大使は、奥村にタイプを打たせて時間を浪費させた結果、真珠湾攻撃が始まった後、宣戦布告を行うという結果を招いた。

卑怯者のそしりを受けた日本は、アメリカ国民の怒りを買うことになる。まさにルーズベルト大統領が望んだ通りのシナリオとして太平洋戦争は開戦された。

ルーズベルトなどアメリカの首脳部は、日本が奇襲攻撃を仕掛けるという情報は既に正確に伝わっており、その目標がハワイ真珠湾であるとの可能性も把握していた。日本の奇襲攻撃が行われた時、これからの戦争の行方を左右するアメリカ航空母艦三隻は、いずれも真珠湾には停泊していなかった。

真珠湾が攻撃される一時間二〇分前には、インドシナのマレー半島において、イギリスが日本軍の奇襲攻撃を受け、ルーズベルト他、アメリカの戦争指導者達は既に日本と連合国は戦争状態に入っており、ハワイの部隊を除いて全軍に戦時下の体制を布くように伝達されていた。そして、何よりも一番真珠湾の奇襲のタイミングを知っていたのはルーズベルト本人であった。

ルーズベルトの娘婿である、カーチス・ドール氏が告発本として出版した『操られたルーズベルト』という著作の中で、ルーズベルトは「私は決して宣戦はしない。私は戦争を作るのだ」とチャーチルに述べているし、また、真珠湾攻撃が始まる前日に、家族と朝食をとりながら「明日、戦争が起きる」とつぶやくなどと記している。

ルーズベルト大統領の世紀の名演説と言われている「昨日、一九四一年一二月七日、将来「恥辱の日」として記憶されることになるであろうこの日に……」で始まる対日戦争布告演説は、既に真珠湾攻撃の前日には出来上がっていたのだ。この演説はアメリカ国民を熱狂させ、一気に対日戦争へと世論を導いた。志願兵を募る受付場は若者で溢れかえった。

アメリカの歴史では、沖縄、広島、長崎の悲劇すらも、真珠湾を宣戦布告もせずに奇襲した卑怯者日本に対するアメリカの正義として置き換えられている。今でもハワイ真珠湾に沈んでいる戦艦アリゾナ記念館などに行けば、案内のビデオやパンフレット等に「Remember Pearl harbor」の音声が流れ、文字がつづられている。

天皇との会見内容について、マッカーサー側からは、彼の幕僚などの周りにいた人物より、いくつかの証言が存在する。軍事秘書のボナ・フェラーズ准将はマッカーサーから聞いた話として「……天皇は、困惑した様子だったが、言葉を選んでしっかりと話をした」

「天皇は処刑を恐れているのですよ」と私がいうと、マッカーサーは答えた。
「そうだな。彼は覚悟ができている。首が飛んでも仕方がないと考えているようだ」（升味準之助『昭和天皇とその時代』）

結局、日米どちらの資料からも、昭和天皇が戦争の全責任は自分にあると明確に話したという事実は見当たらない。マッカーサーが意図した「天皇を占領政策上利用したい」との思惑が記されている文章が米国国立公文書館に残されている。

一九四六年一月二五日付けで、マッカーサーからアイゼンハワーとトルーマン大統領へ送られた三ページほどの電報である。その内容の概略とは、「天皇を告発すれば、日本国民の間に想像もつかないほどの動揺が引き起こされるだろう。その結果もたらされる事態を鎮めるのは不可能である」。「天皇を葬れば、日本国家は分解する」

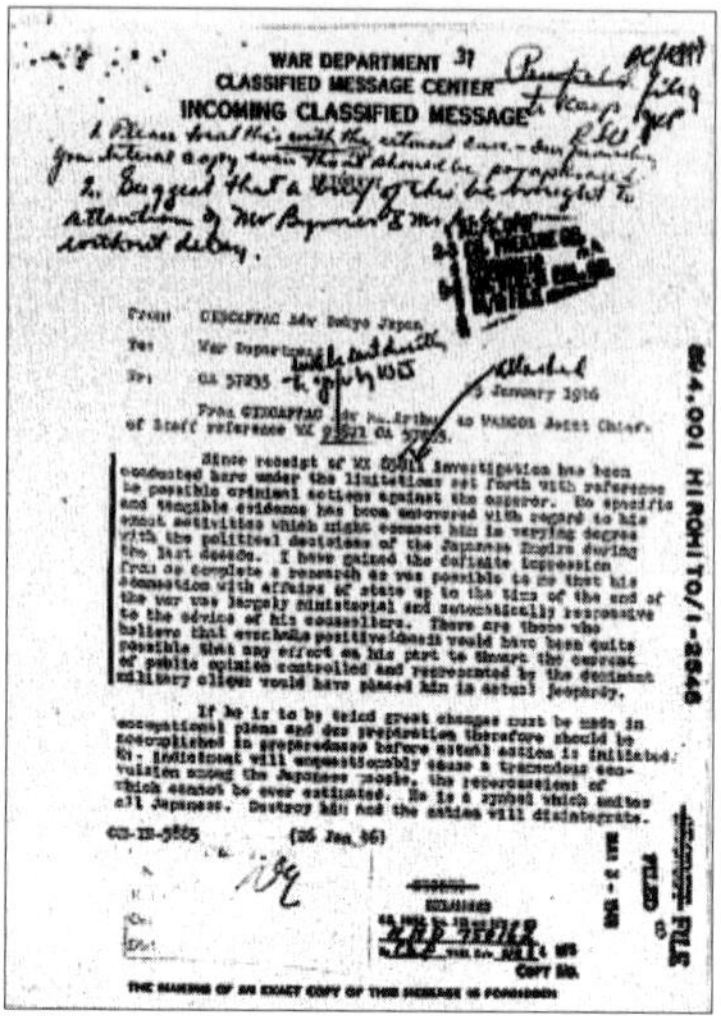
WAR DEPARTMENT
CLASSIFIED MESSAGE CENTER
INCOMING CLASSIFIED MESSAGE

To: War Department

He is a symbol which unites all Japanese. Destroy him and the nation will disintegrate.

(26 Jan 46)

HIROHITO

THE MAKING OF AN EXACT COPY OF THIS MESSAGE IS FORBIDDEN

マッカーサーよりアイゼンハワー陸軍参謀総長宛の書簡

連合国が昭和天皇を裁判にかければ、日本国民の「憎悪と憤激は、間違いなく未来永劫に続くであろう。復讐のための復讐は、昭和天皇を裁判にかけることで誘発され、もしそのような事態になれば、その悪循環は何世紀にもわたって途切れることなく続く恐れがある」

「私の考えるところ、近代的な民主主義を導入するという希望は悉《ことごと》く消え去り、引き裂かれた国民の中から共産主義路線に沿った強固な政府が生まれるだろう」

そのような事態が勃発した場合、「最低一〇〇万人の軍隊が必要であり、軍隊は永久的に駐留し続けなければならない」

＊太平洋戦争負けの棋譜作り

マッカーサーが天皇の権威を占領政策に利用しようと考えた発想の原点は、太平洋戦争終戦間際の軍部と日本政府が「敗戦の型作り」を行った成果を受けている。負けの型作りは将棋で一手差の負けまで指し手を敢えて進め、ある意味、負けの美学を作り上げることである。

昭和天皇が講和を少しでも有利にするためには、もう一度戦果を挙げることが必要とした舞台が、南方諸島の玉砕や沖縄戦であり、爆弾を抱えて敵に突入する特攻であった。

戦艦大和は直掩機《ちょくえんき》なしで沖縄特攻に送り出され、乗組員約三〇〇〇人と共に海の藻屑と消えた。「海ゆかば」という「皇民の葬送」「聖戦の美しい虚構」作りの演出に成功したのであった。この「敗戦の型作り」の実践により、終戦後に議論されるであろう国体維持のための条件闘争の一環として「一撃講和」の犠牲を国民に強いた。

最後の秀逸な演出とも言えるのが、天皇による敗戦の勅語を天皇自らの言葉で述べさせたことである。この天皇勅語「堪ヘ難キヲ堪ヘ、忍ヒ難キヲ忍ヒ、以テ萬世ノ爲ニ太平ヲ開カムト欲ス……爾臣民其レ克ク朕カ意ヲ體セヨ」

すなわち、堪えがたくまた忍びがたい思いを乗り越えて、未来永劫のために平和な世界を切り開こうと思うのである……国民は、これら私の意をよく理解して行動せよ」と言うのである。

この玉音放送の効果は、改めて天皇の権威の高さを連合国側に見せつけることとなり、その後昭和天皇は象徴天皇としてその座を維持していくことにつながった。マッカーサーは、天皇の利用価値を日本史の中からも見出していた。

大化の改新や南北朝時代の権力争いに始まり、戦国時代の織田信長や豊臣秀吉など、日本の政《まつりごと》を取り仕切るために権力者たちは積極的に天皇を利用してきた。天皇の権威がどれだけの効力を発揮するかを証明する最も典型的な出来事として語り継がれるのが、幕末、徳川慶喜が既に大政奉還を行った後の旧幕府軍と薩摩・長州の連合軍がぶつかった鳥羽伏見の戦いである。

終戦の玉音放送を聞き、むせび泣く国民

旧幕府軍は戦力では優位にあったが、薩摩・長州の側に天皇の軍隊であることを表す「錦の御旗」が掲げられると旧幕府軍は戦意を喪失、日和見的に旧幕府軍側に参陣していた土佐藩は薩摩・長州軍に加わり旧幕府軍は総崩れとなり徳川慶喜は兵士を見捨てて江戸に逃げ帰り、上野寛永寺に謹慎してしまう。天皇の権威を利用しようとして「錦の御旗」を考え出したのは岩倉具視、そしてその演出の準備をしたのが大久保利通であった。マッカーサーも日本人がいかに天皇の権威にひれ伏すかはよく知っていた。

実際、国体の護持（天皇の助命）をしても、暴動が起きることもなく、国民が天皇を弾劾する動きも起きなかった。天皇の戦争責任の免責は、その事実の有無ではなく、ＧＨＱにとって、いかに効率よく日本の占領政策を遂行できるかが判断基準になった。

もちろん、極東裁判そのものは勝者による軍事裁判ではあるが、本質は、昭和天皇による戦争責任を免責しようとした政治的な裁判である。


天皇はシナリオ通り免責されたものの、その裁判で七名が死刑に処せられた。Ａ級戦犯として絞首刑になった東条英機は、開戦時に近衛などの皇族が首相であった場合、開戦の責任が天皇に及ぶことを危惧した木戸幸一内大臣らにより体よく首相に祭り上げられた。

極東裁判は、最初から結論ありきの「見世物」としての裁判であり、戦争の遂行は陸軍海軍全ての日本軍で行ったが、Ａ級戦犯に問われたのは、政治家は別として陸軍に籍を置いた軍人のみの告発と偏っていた。

そもそも第二次世界大戦とは一九二九年に起きた「世界大恐慌」による経済の大混乱が引き金となり、各国の生き残り戦略の根本が植民地化であった。植民地を持っている国は自国を守るため「ブロック経済」を展開するようになる。自国と植民地で経済圏を設定し、それ以外からの輸入品に莫大な関税をかけ、実質他国からの製品をしめ出す政策である。

ドイツは、第一次世界大戦による莫大な賠償金からようやく解放される寸前にあり、不況を回避するために東ヨーロッパに侵攻し、またイタリアはエチオピアへ侵攻した。日本は生糸の輸出が高関税により壊滅、ドイツ、イタリアと同様、日本も経済ブロックを作るために中国へ侵攻、日華事変を引き起こした。この時代、他国を侵攻して資源を確保するか、何もせずに餓死するのを待つかの二つに一つの選択肢しかなかった。日本は更にフランス領インドシナへ進駐する。

インドシナはアメリカが支配していたフィリピンに近接しており、当然、アメリカなど欧米諸国が植民地としていた地域に侵攻するのではと受け止められた。この結果、欧米各国は日本に対して包囲網を強め、日本への石油輸出をストップしてしまう。

アメリカは、石油が無くなる状態の日本に最後通牒として無理難題な「ハル・ノート」を突きつけたのだ。ハル・ノートには、帝国日本が絶対受け入れられない中国からの撤退が記されていた。日本が多くの犠牲を払って獲得した中国からの撤退は、日清・日露の戦いの意味を否定するものであり、日本にとってはハル・ノートが日本を戦いの場に引きずり出そうとするアメリカからの実質的宣戦布告でもあった。

確かに、中国や朝鮮の人にとって日本は侵略者であったが、当時の欧米各国は植民地化を正当化していた。当時、アジアで独立国だったのは日本とタイだけで、アジアの国々は全て欧米列強によって植民地にされていた。

一九世紀初頭のジョージ五世の時代の大英帝国は、その支配面積は世界の陸地の約二四%を占めるようになり、特に植民地インドから膏血を絞り取った。当時の英国の財政状態は軍事費、国家公務員の年金などの大半をインドから搾取した資金で賄っていた。インドからの輸入品（綿花やお茶など）の支払いはポンド建て証券によって決済するが、インドの通貨をポンドに対して切り上げさせ、結果的に踏み倒したのである。まさに海賊と寸分違わない英国の植民地政策であった。

　フランスは現在でも、アフリカの旧植民地に、ＣＦＡフラン（セーファーフラン）という植民地時代と同じ通貨を使用させている。そして、このＣＦＡの流通国である国は、フランスの中央銀行に自国の預金を外貨準備金として預けることを強要されている。いわば植民地税である。

＊極東裁判における東条英機の発言

　東条は当初、戦争責任に対し「天皇の意思に反することを行える日本国民はいない」と言って、無罪を主張した。この主張に驚愕したのは、昭和天皇に戦争責任が及ばないよう、東条にその責任を負わせようと画策していた木戸幸一や、昭和天皇の責任を免責した主席検察官ジョセフ・キーナンらであった。

極東軍事裁判での東条英機

　この発言の行く先は、まさしく天皇の戦争責任であった。慌てた彼らは東条の説得を懸命に行い、東条も自分の発言は一般論として言ったまでだと述べ、「昭和天皇に戦争責任はない」と主張を変えた。

　結局、東条は極東裁判という出来レースのショーの中で、昭和天皇を利用しようとしたＧＨＱと天皇制維持を目論んだ日本側のスケープゴードとして黄泉の国に旅立つこととなった。

この東条発言によって、天皇の戦争責任問題は立ち消えとなり、一方で東条は天皇を庇った名誉を得たのである。昭和天皇は皇国に殉じた戦没者の慰霊にしばしば靖国神社に参拝されたが、東条らA級戦犯が合祀されると、一度も靖国神社を参拝することはなかった。

極東軍事裁判は、天皇の権威を利用しようとしたマッカーサーにとって、東条のようなスケープゴードが是非とも必要であった。裁判の結審前には、既に天皇は新たにGHQによって作られた憲法により、象徴の地位を与えられており、戦争責任の追及すべき対象から外され、そのことを追認し「天皇に戦争責任は無い」とダメ押ししたのが極東軍事裁判である。

しかしながら、この裁判こそが正義であるとする「極東軍事裁判史観」を生み、少なからずの日本人に影響を与え、今なお、太平洋戦争の責任は陸軍であり、東条英機であると考えられている

第４章　人生における最大の決意――皇居突入

＊皇居突入の考えが生まれたきっかけ

天皇の戦争責任を裁判のテーマにするための筋書きは、少年時代の思いがアイディア化し、おぼろげな計画が生まれてから実行まで、おおよそ半年程度の短いプランニングの過程があった。忘れもしない、一九七一年二月二四日の朝刊一面に「天皇陛下訪欧」の文字が踊っていた。

この訪欧は、前年の一九七〇年、大阪万博視察のために来日したベルギー国王の弟アルベール殿下に、高松宮妃が「天皇陛下は皇太子時代に欧州を訪問されたが、皇后陛下は海外にお出かけになったことがない。ベルギー国王の六年前の来日に対する答礼という形で招待状を天皇陛下に送っていただけないか」、との働きかけで実現した。従って、この訪欧はベルギー国王来日の「答礼」との形をとり、昭和天皇としては物見遊山のお気楽なヨーロッパ外遊と思っていたのだろうか。

私は、この記事を目にした瞬間、今まで心の中で鬱積していた昭和天皇に対する感情が一気に爆発した。

「何がヨーロッパご訪問か、ふざけるな！」「ヨーロッパに旅行する前に、沖縄に来て沖縄戦で散った英霊や親を亡くした孤児、財産全てを失った県民に、先ずは頭を下げるべきだ！」との思いを抑えることが出来なかった。この天皇訪欧の新聞報道は、各紙ともヨーロッパ各国の準備状況や、昭和天皇の「親善の実をあげたい」などのコメントを掲載するなどして雰囲気づくりをした。

イギリスなどではエリザベス女王などに温かく迎えられたものの、この訪問は結果的には大失敗であった。天皇訪欧は、想像以上の反日感情で迎えられ、ヨーロッパ各国で猛烈な抗議デモに見舞われた。そこで問われたのは、まさしく「昭和天皇の戦争責任」であり、日本では既にタブー化されていた問題をヨーロッパの国民は忘れてはいなかった。

特にオランダを訪問された際には、いたるところに「裕仁は犯罪者」という落書きで埋め尽くされ、卵などが投げつけられた。インドネシアでオランダ人女性が日本軍の慰安婦にされたからである。更に、天皇がお手植えされた苗も引き抜かれるなどの騒動がおこった。

開戦の責任と合わせて、日本の敗戦が必至との近衛の上奏に対し「もう一度戦果を挙げてからでないとなかなか話は難しいと思う」と、戦争継続の意思を示し、硫黄島での玉砕や沖縄での二〇万人の犠牲、そして広島、長崎の原爆投下の悲劇を招いたことが、欧州各国の国民にとっても許せなかった。

当時の私は、新左翼運動のど真ん中にいると自負していたし、血気盛んで、自分が立ち上げた沖青委を「正々の旗を立て、堂々の陣を張って存在意義」を打ち立てたかった。昭和天皇は沖縄の民だけでなく、全ての戦争犠牲者に対する責任がある。しかるに、特に沖縄を見捨てて、国体（と言っても己の命）維持を図り、ＧＨＱが餌として与えた新憲法の「象徴天皇」という言葉の陰に現人神の衣を脱ぎ去って逃げ込んだ存在であると考えていた。

＊沖縄の無念を世に問う

私たち沖青委は、天皇の戦争責任と謝罪を求め、過激デモに代わる新たな法廷闘争という形態を示すことができれば、新左翼運動の中でも独自性が確立できるかもしれないと思った。また、天皇制の是非についての議論に対しても問題点の整理なども進む。更には、初めて皇居に突入し、天皇に謝罪を求めた組織として、左翼運動のなかでも歴史的に評価され記録されるであろうと考えたのである。「自分しか出来ない、自分が今立たねば沖縄の無念は世に問えない」という信念であった。

天皇制反対は、左翼や新左翼の運動の中でスローガンとしては存在していたが、天皇制の闇は深く、誰も筋道だった理論闘争も行われなかったテーマだったのだ。振り返れば、どの左翼政党も「良いか悪いか」あるいは「正しいか正しくないか」は別にして、左翼思想の根底にある天皇制については、打倒を原理としていた。だからこそ、敗戦以降、共産主義革命の勃発によって天皇制廃止の行方に怯えたのである。

しかしながら、現在の日本共産党の綱領は「天皇の制度は憲法上の制度であり、その存廃は、将来、情勢が熟したときに、国民の総意によって解決されるべきものである」と明記し、そして共産党は憲法の「改正」に反対である。即ち、天皇制の継続に賛成していることになる。

左翼政党も今ではすっかり保守的になり、国会の議論は政務調査費の使い道とか安倍首相のお友達に対する官僚の忖度など、重要ではあるが重大ではないテーマしか扱えない場になっている。

＊皇居突入を契機として法廷闘争へ

法廷闘争の筋書きはどのように、また騒動の中身と規模、そして場所はどこを選定するのが効果的か？　私の腹案としては、直訴の形態をとって天皇の住まいである皇居に侵入するか、また皇居前広場などで捕まることが一番手っ取り早く、かつ実効性もあるのではないか、と二通りを考えていた。

そして目標は、皇居敷地内の宮内庁とし、その最短ルートは坂下門から侵入することにしたが、必ずしも宮内庁に突入する必要はなく、また、そこまで到達できるとは思っていなかった。計画を実行させるために、突入部隊と別にレポ隊（偵察部隊）も編成した。

ＧＨＱ本部が置かれた皇居真向いの第一生命ビル

今のようにあらゆる情報がネットを検索すればたちどころに収集できる時代ではなく、自らの手で必要情報を収集する必要があった。

第一生命ビルは、マッカーサーが当時、皇居を睥睨《へいげい》できるとしてＧＨＱの本部を置いた場所であり、昭和天皇は国体維持（天皇制維持）を懇願するためにこのビルに出向いたが、私たちは天皇のこの行動を糾弾するために、皇居前広場から行く坂下門の偵察にこのビルを活用した。

＊皇居裁判の最大の支援者「喜屋武由朋」

特筆すべきは、第一生命ビルに出入りしている間に、第一生命のトップセールスマンであった、元日本共産党幹部で、徳田球一の部下の喜屋武由朋と出会ったことを記さない訳にはいかない。喜屋武は、坂下門を眺めている私たちを見て、私に話しかけてきた。

「君は沖縄の人、よく、ここで皇居を眺めているけど学生さんかい」

私は、公安の刑事に職務質問されたと思った。咄嗟に、私はお上りさんの観光客を装い「ええ、国に帰る前に、良く瞼に焼き付けておきたくて」と言った。しかし話していくうちに、公安の刑事ではないと直ぐわかった。

彼の特徴的な顔立ちは、間違いなく私と同じウチナンチューであった。喜屋武も私を母方の兄弟に、顔、体格、動作が似ていると思い、もしや親戚が自分を訪ねてきたのではないかと声をかけてくれたのだ。

彼は、沖縄の二世で、共産党の沖縄奄美共産党機関の責任者も歴任し、一九四九年七月一五日に起きた電車転覆事件、いわゆる三鷹事件の被告にもなった人物であった。喜屋武の父が日本共産党書記長徳田球一と同郷（沖縄県名護市）ということもあって、徳田と行動を共にしていたため三鷹事件に巻き込まれたのだ。裁判では冤罪が立証され無罪放免となった。

＊学徒動員の遺稿「きけわだつみの声」

私は、喜屋武に親近の情を持ち、それ以降、いろいろな話をするようになり、学徒兵の遺稿『き

上原良司と三式戦闘機「飛燕」

けわだつみの声』（岩波文庫）の編集に彼が携わっていることも分かった。

　岩波文庫版の『きけわだつみの声』では「所感」という題名の遺書が巻頭に掲載されている。「所感」を遺したのは上原良司。慶応大学から学徒出陣し、一九四五年五月、陸軍特別攻撃隊第五六振武隊員として三式戦闘機「飛燕」で沖縄の米機動部隊に突入して戦死した。享年二二歳であった。

　喜屋武は良司の兄、良春と親しく、良春もまた軍医として出兵しシンガポールで戦死した。喜屋武は、沖縄への特攻出撃前夜に、鹿児島の知覧基地で良司本人にあい、同行した友人の朝日新聞記者高木俊郎が、遺稿「所感」を受け取り終戦まで秘匿した。

　その所感の一部を紹介する。

「……権力主義の国家は一時的に隆盛であろうとも、必ずや最後には敗れることは明白な事実です。私たちはその心理を今次世界大戦の枢軸国家において見ることができると思います。ファシズムのイタリヤは如何、ナチズムのドイツがまた、すでに敗れ、今や権力主義国家は、土台石の壊れた建物の如く次から次へと滅亡しつつあります。

　真理の普遍さは今、現実によって証明されつつ、過去において歴史が示した如く、未来永久に自由の偉大さを証明して行くと思われます。自己の信念の正しかった事、この事は祖国にとって恐るべきことであるかも知れませんが、吾人（私）にとってはうれしい限りです……。

　空の特攻隊のパイロットは一器械に過ぎぬと一友人が言ったことは確かです。操縦桿を採る器械、人格もなく感情もなくもちろん理性もなく、ただ敵の航空母艦に向って吸いつく磁石の中の鉄の一分子に過ぎないのです。……一器械である吾人は何も言う権利もありませんが、唯、願わくば、愛する日本を偉大ならしめん事を、国民の方々にお願いするのみです……」

「……明日は自由主義者が一人この世から去って行きます。彼の後姿は淋しいですが、心中満足で一杯です。言いたい事を言いたいだけ言いました。無礼をお許し下さい。ではこの辺で……」


　なお、上原良司は出撃前に最後の別れのため帰郷した夜、「俺が戦争で死ぬのは愛する人たちのため、戦死しても天国へ行くから、靖国神社には行かないよ」と語ったと言う。（中島博昭「上原良司とその時代」）


　喜屋武は、私に向かってこう言った。

「山城君、私はね、日本が負けた時、沖縄の戦いや生きて帰れない特攻攻撃は無駄死だと強く思ったよ」

「天皇の優柔不断と言うか、自身の命惜しさで日本はより悲惨な目に遭わされ、戦争の悲劇は無駄に拡大した」
「戦争を終わらせたのは天皇の聖断と称えるのであれば、戦争を始めたのも天皇の責任と言えるよね」
「戦争責任を特定する極東裁判の戦犯として、東条が罪を被ってくれたお陰じゃないか」
「戦争責任は無いと主張する人達は、天皇の立場とは立憲君主主義で『君臨すれども統治せず』と主張するが、そうであるなら終戦の聖断も天皇は出来なかったハズだし、日本中の家庭に御真影を掲げさせ、天皇の赤子たれとして、小銃にまで菊の紋章を入れて戦場に送り、軍の統帥権を持ち、陸海軍の最高指揮官（大元帥）でもあったんだよ」
「あまつさえ、戦果もあがらなかった特攻に若者を送り込んだ罪は何もないと言えるのかね」
「私が思うに、天皇はね、決して立憲主義の地位に甘んじていた訳ではないんだ」
「太平洋戦争が始まる五年前の二・二六事件があるよね、青年将校が政治の腐敗を糾し、天皇親政の維新を企てた事件だよ」
「この時、後に極東裁判で起訴され、割腹自殺した侍従武官長であった本庄繁がね、彼らの天皇や国を思う精神だけでも認めて穏便な処置をと、何と一三回も天皇に具申したんだよ」
「しかし天皇はね自ら近衛師団を率いて叛乱部隊を鎮圧すると息巻いたんだ」
「彼らは鎮圧され、弁護人なし、一審のみで上告なしという軍事法廷で指揮を執った多くの青年が死刑を言い渡され、確か七月の一二日だったかな東京陸軍刑務所で銃殺されたよ」
「天皇の怒りと強い意思が感じられる、このどこが立憲主義なのかね」

「上原良司も生きていれば日本の未来に大いなる貢献をした人物だよ」

「彼もまた、天皇の戦争責任の被害者さ」

喜屋武は、私たちが皇居に突入し、その主謀者が新聞を見て私だと分かったとき、私との運命的な出会いを感じたそうで、後の皇居裁判における、最大の支援者になって私たちを支えてくれた。そして、喜屋武からは、沖縄や奄美で共産主義運動に関わった、多くの人達を紹介していただいた。

喜屋武の紹介で、もう一人皇居裁判を支えてくれたのが、社会党神奈川支部の委員長でもあった古波津英興である。彼は、在京で沖縄の民権運動をリードしたが、一九九一年、川崎市での「集会」の帰路、交通事故で他界する。

古波津は、学生時代から反骨精神が旺盛で、ストライキの首謀者として沖縄県立一中を退学処分になって以降、大学時代にも数度の逮捕を経験するが「ナマサンデェ、イチスガ！　ワーガサンディ、ターガスガ」（今せずして、何時するのか！　私がしないで、誰がするか）というのが座右の銘で、生涯一貫して沖縄人の民権に力を注いだ。古波津は、沖縄の自由民権運動の父と言われた謝花昇と同郷の「東風平村《こちんだそん》」出身であり、謝花昇を誇りにしていた。喜屋武や古波津の顔には沖縄の風土を刻んだ厚ぼったい黒いシワが滲み出ており、オールド闘士といった風貌が漂っていた。

＊皇居突入に対する同志の反応

皇居に侵入するという私の計画を、忘れもしない一九七一年四月二八日の夜、新宿三丁目にあった沖縄料理屋「西武門」で提案した。私の皇居突入計画は、そこに参加した同志との間に喧々諤々《けんけんがくがく》の議論を巻き起こすことになった。

「そもそも、裁判で沖縄に対する昭和天皇の戦争責任や天皇制を議論できるのか？」

「コーマツ、なぜ皇居なんだ？」

「天皇が海外訪問などで皇居を出るときに車列の前に飛び出すのは？」

「良く考えてくれ、公式行事に参加する場合、当然、警備は厳しくなる」

「天皇や警備の人間に危害を加える必要はないんだ」

「皇居に侵入しなくとも、皇居前の広場でアジればいいが、それだけだとうるさい観光客扱いにしかならない」

「せめて、警備が立っている内側で事を起こすことに意味があるさ」

「中核の書記局に、行動の決裁は求めるのか？」

「事後決裁っていう形かなぁ」

「これからの実行計画は、この三名で秘密裏に行う、他言無用だぞ」

話し合いの議論は、出席者全員を高揚させ、中には涙を浮かべる者までいた。私も体中の隅々にアドレナリンが駆け巡る感覚を味わった。沖縄に対する天皇の戦争責任、更に沖縄をアメリカに売り渡した責任を世に問える。その一点で全員がつながったのである。こうして、行動計画の概案が出来上がった。その概案とは次のようなものだった。

実行隊と実務部隊との選別、逮捕されることを計画の目的とし、量刑や準備費用、裁判費用等を勘案し、コストパフォーマンスの観点から、軽い罪刑で収束させるために、絶対に警備要員らに危害が及ぶような行動はとらず、坂下門外でも坂下門内でもない、坂下門前でアピールすることを計画の柱にした。また、取り調べでは完全黙秘とし、公判で天皇制の是非を世に訴えることにした。

＊騒乱を起こした坂下門の歴史的意義

私が坂下門を選んだ理由にはもう一つの背景がある。幕末から明治維新の時期、歴史の中で活躍したのは、武力革命を目指した薩長の若き過激派の志士である。その転機となった出来事がある。

今から一五五年前の文久二年（一八六二）一月一五日、坂下門は歴史の転換点となった舞台となった。時の幕府老中安藤信正が水戸浪士など六名に襲撃された「坂下門外の変」である。「安政の大獄」を引き起こし、「桜田門外の変」によって暗殺された大老井伊直弼の後始末を行い、朝廷（公）と幕府（武）との協力により政局の混乱をおさめ、海外諸国に対抗できる政治体制（公武合体）を作り上げるために、公明天皇の妹「和宮」を第十四代将軍家茂に降嫁させる動きであり、この「公武合体」による挙国一致内閣を作ることに腐心していたのが安藤信正である。

信正は、この坂下門外の襲撃により、一命はとりとめたものの老中の職を追われ、公武合体派は大きく後退。結局、この事件が契機となって薩長の過激派は勢いづき、武力による倒幕につながったのである。それこそが、私たちの望む運動の共通項であり過激派薩長の志士にあやかって、天皇責任を訴える場の象徴として坂下門を選んだ理由の一つだった。

＊明治維新は過激派によるクーデター

維新を成し遂げた薩長主体の明治政府は、明治維新を日本史の中で、過激派集団が成し遂げたとはせず、次のように位置付けた。即ち、「徳川幕府は欧米列強の開国圧力に成すすべを持たず、日本は国としての体をなしていなかった。それを憂いた薩長の若き志士たちが幕府に代わり、維新を成し遂げ、近代日本の幕開けという時代を作り上げた輝かしい一頁である」と。

しかし、その実態は、薩摩、長州、不満分子の公家など過激派による政府転覆というクーデターである。

坂下門で騒乱を起こすことは幕末の過激派にあやかり、私にとって坂下門は、変革の入り口でもあり、正義の門の象徴として位置付けた。

具体的な行動計画を練るのに、打ち合わせの場所は慎重に選択したし、打ち合わせに出席するときは、電車を必要以上に乗り換えるなどして、実際にあったかどうかは分からないが、公安刑事の尾行に細心の注意を払っていた。当時、私たちは都内に五ヵ所のアジトを構えていたが、この時の打ち合わせにアジトを使用することは避けた。約半年の準備期間で調達した武器はヌンチャクと交通事故用の発炎筒のみで、資金的余裕のない私たちの最も大きな支出は、この打ち合わせの場所の確保とそこまでの交通費であった。

計画の一番大きな課題が、実行部隊の規模と人選であった。打ち合わせは、何度も場所を変えて行われ、最終的には首都高速をグルグル回る車内会議で決めた。

＊石神井ホテルの作戦会議

かくして、決行四〇日前の一九七一年八月一五日、石神井公園内の「石神井ホテル（豊島館）で最後の実行委員会を開催した。作戦名は「天狗山作戦」と決めた。天狗の名称は、主義主張は全く異なるものの、維新で悲劇的な最期を遂げた「水戸天狗党」、そして沖縄を魔道に導き二〇万人の犠牲を強いた天狗に昭和天皇をなぞらえて命名した。

石神井ホテルは、一九二三年、日本共産党が臨時大会を開き、党綱領草案を作成した歴史を感じさせる建物でもあった。部屋の予約は、元共産党の幹部で中国帰りの「北京徳田球一機関」伊藤律グループの安斉老師が手配してくれた。

練馬大根畑の農道が一本残っていて、公安の尾行を切るには都合のいい田舎道であった。その日は、どんよりとした曇り空で、やたらと暑苦しく、セミとカラスの鳴き声がうるさく響き、石神井ホテルは、クヌギが密集する大林に囲まれた歴史を感じさせる古びた旅館のたたずまいを見せていた。若い日本共産党が党綱領草案を作成した歴史的な重みの場所というスパイスを加味することにより、裁判や逮捕されてあとの演出効果も狙って選んだ場所であった。ところが、話し合いの内容はあちこちに飛び、なかなか私が意図した議案のまとめにはたどり着けなかった。

話が錯綜するが、敢えて当時の論議の中身をそのまま復刻して述べていきたいと思う。読みづらい点はご容赦頂きたい。

決行のタイミングでも異論続出であった。

「何故、復帰後では駄目なのか」

「復帰直後の方が返還そのものに対する意義も問えるし、インパクトが強い」

「返還しょっぱなから、天皇の沖縄に対する仕打ちを問題にしていく方がタイミングとしては良い」

「沖縄に慰霊にも来ないで欧州を訪問するなどという、この理不尽な態度を弾劾するのは、今こそチャンスである」

「昭和天皇は高齢なため、天皇が亡くなったらこの手は使えない」

「昭和に起こった悲惨な出来事だから、昭和の時代で決着することに意味がある」

「昭和天皇の逃げ切りは許されない」

「天皇の命の時間との戦いである、昭和天皇が明日亡くなれば、この企画は水の泡だ」

原案の通り決行は、昭和天皇の訪欧前に行うということに決定した。

「沖縄復帰運動は当初から日本国憲法への回帰を旗印にしてきたが、そのような観点から見れば、反米闘争に勝利した無血の沖縄独立運動ともいえる」

「馬鹿言うな、復帰すれば反米闘争に勝利したと言えるのか、米軍基地はどうとらえるのだ」

「復帰した七二年の五月一五日、その日から沖縄は日本であり、平和憲法＝象徴天皇制への合流が始まる」

「天皇の受け入れは世論である」

「天皇の沖縄訪問も要求しない」

「米軍基地は反対だけど、沖縄を米軍に売り渡した張本人である昭和天皇へ、いまさら異議を唱える沖縄人は誰もいないと思う」

「沖縄問題の芯の底では、日米安保、米軍基地、平和憲法、憲法九条、象徴天皇が一本の赤い糸でつながっていることを理解して復帰運動を闘っているのではない」

「まあ、はっきり言って復帰後に天狗山（皇居）に突入すると、本土の世論と一緒になって、主君に弓を引いたとたたかれ、野蛮なテロとして扱われる」

「寝た子を起こすな、余計なことをして」

「沖縄問題をややこしくしてくれた」

「こんな調子だろう。若い学生の跳ね返り行動として茶化されるだけだろう」

「沖縄を甘く見たら駄目、ムノクイシドワガウスゥー（物与えるのが我が主）、すぐに天皇陛下様様になるよ」

「米軍基地つき復帰には反対しているが、復帰すれば、沖縄は自衛隊も含め現状を受け入れるさ。本土に対して反発しながらも、もって生まれた沖縄のサガみたいなものだな」

「復帰問題は沖縄戦の戦後補償の問題でもある」

「軍用地などは、基地維持のために、政府は平身低頭で軍用地代の折衝に当たるだろうし、基地周りの整備事業も軍用地主組合と連携してすすめるだろうね」

「私たちの意図とは異なる方向に向かうと思うが、恐らく基地関連費を定期収入として大きな財源と利権に育ち、年度を重ねるごとに、沖縄の権力基盤の骨になっていく」

当時、私たちは、今の沖縄の姿を予見していいのかもしれない。

「沖縄は、元々天皇との関係はなく、琉球王朝だったので、本質的に天皇を受け入れないのでは」

「いや、沖縄は直ぐに受け入れるよ、沖縄人はときどき、マジムン（透明人間）に化けるところがある」

「問題に目をつむれば、相手から自分が見えなくなると思う二重人格を演じるよ」

「さ迷える琉球人としてすぐに浮き草として漂おうとする」

「天皇問題も、沖縄には天皇は関係ないと済まそうというところがあるが、沖縄戦では天皇に一番忠実な臣下の役割を演じてしまうんだよな」

これでは、いかんともし難い議論になってしまう。論議を元にもどそう。

「この問題は、昭和天皇の謝罪を引き出す戦いである」

「沖縄がどう天皇を受け入れていくか一石を投ずる事件でもあるし、昭和天皇は復興のために日本全国を巡幸しているのに、沖縄に慰霊に来ないというスタンスは絶対に許せない」

「復帰祝いに一度、沖縄の慰霊を希望する重要なイベントなのに沖縄の保守、革新の政治家もマスコミも革新を装う評論家も全く動かない」

「わからないじゃないの」

「重要なことは、昭和天皇が復帰直後に沖縄を訪問することは絶対ないということだ」

「いや、昭和天皇の方が戦争直後の沖縄を捨てて自分の命乞いをしたから来られないからさ」

「恐らく、天皇は二〇万人の沖縄戦で亡くなった英霊にどう言い訳するのか分かっていないからだろう」

「外地における戦死と沖縄戦における戦死者は同じ死でも死の意味合いが全く違う」

「中国、ビルマ、サイパンの戦いは、日本国の天皇の赤子としての戦死である」

「沖縄戦は国体維持（天皇の命乞い）を狙いとした、敗戦処理のために沖縄を生贄にした戦いである」

「県民に育った皇国史観を基盤とし、天皇がもつ現人神の本質を見せた理不尽な闘いさ」

「まあ、冷戦下の情況、ソ連の東南アジア共産化政策にたいするアメリカの恐怖感を上手く利用して、敗戦国日本は、沖縄そのものを軍事基地にする条件で、沖縄の面倒をお願いしていくのだが」

「沖縄戦、広島、長崎の原爆、ソ連の参戦は、終戦四点セットだよな」

「四点セットはどれも、天皇が戦争の早期終結を決意すれば、沖縄戦から終戦に至るまでの、国内の国民の死は避けることができたはずさ」

「しかもあきれるのは、日ソ中立条約を信じて、一九四五年三月頃からソ連に沖縄の領土放棄を条件に連合軍へ敗戦処理の仲介を願うなど、外交音痴の極みだな」

「敗戦の処理が決まってから、沖縄の玉砕が決まった。この事実をわかっている沖縄人は少ない」

「わかっていても、沖縄人はいまだに「見ざる」「聞かざる」「言わざる」の三猿を演じさせられている。その意味では沖縄問題を扱っている知識人やマスコミの罪は重いな」

「本土の防波堤になったのに、二七年間の里子（捨て子）扱いは、頭にくるよ」

「捨てられた子供の悔しさを今も忘れることはできない」

「天狗山（皇居）の正門である天狗山山門（坂下門）は、我々の積年の恨み辛みを晴らすにはいいステージさ」

「我々の舞台は天狗山山門にあり」

「天狗山事件はその都度、日本の歴史を動かしてきた」

「やっと物言える琉球人さ！」

「明治維新による日本の近代国家形成の一員として日本人になった沖縄人にとっては、日本国憲法の枠外におかれ二七年間米軍の施政下の「忘却された日本人」の生きざまをぶつける権利（意地）は許されて然るべきさ」

「恐らく、天狗山の聖域を犯すのは、日本史において我々が最初で最後の日本人となる」

「我々は、日本人として不敬罪で断罪されるよ」

「復帰前だから不敬罪はないよ、中途半端な日本人だから、それはないよ」

「大逆事件は、ないよ」

「まだ、パスポートが、琉球民政府所属の琉球人になっているだろう」

「ちょうど半端者だから、今回の無茶が見えてくるんだよ」

「根っから日本人に生まれた日本人はこんなこと、畏れ多いことはやらないよ」

「それぐらい日本人の体の中に生活伝統文化として天皇の血は濃く染み込んでいる」

「ある意味では、沖縄人は曲がった日本人、日本人の外枠人、異邦人かな」

「復帰直後から、沖縄の迷える道、曲がった道は、本土風に見た目に整備されていく」

「あっちこっちに日の丸が翻るよ」

「日の丸はアメリカ世では抵抗のシンボル、今度のヤマト世は日本人になるための踏み絵の旗になるのかな」

「これからは忘れかけていた君が代も覚えなくてはならない。日本人の自覚を学んでいかなくてはならない、沖縄人が日本人になることは大変な努力を必要とするんだな」

「沖縄の二七年は本土と合流する通過点、これから夢を見る時間がはじまるのかな」

「沖縄の夢ってなんだろ～」

「そうね、米軍基地撤去とその先のデザインを描くリーダーを輩出できれば、沖縄の自立の答えがでてくるよ、夢ではないと思うよ」

「今必要なのは、金城哲夫が被征服民、沖縄の悲哀をモチーフに作ったウルトラマンかな」

「天狗庁（宮内庁）に、琉球王朝の旗を立てるアイディアは」

「ナンセンス、独立派に与することは私たちの路線にはない」

「王朝の復活はないね。餓死寸前の苦しさはもうごめんだ。日本近代化の方がまだ人権の芽がある」

「民衆を真っ先に捨てた逃げ足の早い亡霊を、神輿《みこし》に担ぐことはないね」

「疎開の船で一番先に本土へ逃げ出した、沖縄の民を捨てた尚家一族の仕打ちを許すな」

「お〜い、琉球王朝だったら、お前も俺も、一生、ひじゃー（山羊）追いのサンダー（土地を持たないドン百姓）だよ」

「琉球語の復活は」

「ないね」

「沖縄にはシオニズムという思想がないからね」

「だいたい、琉球語を日常生活で、率先して捨ててきたのは沖縄の知識人だよ」

「この動きは、復帰前にさらに加速した」

「主はこう仰せられる。わたしはシオンに帰り、エルサレムのただ中に住まう」

「沖縄には、二〇〇〇年の放浪で失われていたヘブライ語を復活させ、ユダヤ国家を造ったシオニストは存在しない」

「居酒屋の独立論議と似ていて、山の内獏（沖縄表現詩人）の方言問答、称賛する文化として残っているが強がりをいっているだけさ」

「ウチナーグチまでイクサンカイ、サッティー（方言まで戦争で失ったか）」（久しくぶりに帰郷した獏が、本土語しか使わない沖縄の知識人を皮肉った言葉）

「それよりは心配なのは、天皇制復活とともに沖縄の旧支配者階級による身分制の復活に注意だ」

「亡霊のように蘇ってくる本土権力基盤作りの手足になるからな〜、如何にして用心してかかるかだよ」

「沖縄の人は全員が王府につながる門中に属していると思えば間違いない」

「復帰後は、天皇とともに自衛隊がやって来る」
「いままでは沖縄闘争は、反米闘争のみに絞ってやれたが、天皇問題、自衛隊駐留問題になると複雑な戦略戦術の闘争論が必要になってくるのでは」
「本当は、玉音放送にリンクさせて今日、八月一五日に決行日を予定していたが、準備ができていない」
「ただし、天皇の九月二七日訪欧前は警備が厳しく成功する確率は低い」
「何せ、昨年の新橋駅の沖縄反戦デー闘争、新宿の国際反戦デー闘争からの連戦続きで、人材と資金が不足している」
「防衛庁、アメリカ大使館突入闘争での我喜屋、真栄城部隊の消失は痛い」
「本土戦線に沖縄部隊を出すのをもう少し手加減しょうよ」
「一〇月の渋谷闘争への参加はどうするの」
「天狗山で生き残っていれば考えるが、私たちの大義は暴力を肯定する過激デモのみでは実現できない」
「国家権力機構にとって学生の内ゲバや日米安保反対運動なんて、なんとも思ってないよ」
「革命前夜の誤解集団の跳ね返り行動としか考えてないよ」
「天狗山事件は国の根幹に手を入れてかき回すから、本気になって我々を潰しにかかってくる」
「天皇制は国の琴線に触れるから許さない」
「そこのヤバさを知っているから、中核派も日本共産党も組織とし行動を起こさせない」

「ところが、その光栄のチャンスが、我々に転がり込んできた」

「沖縄の我々には、天皇に物言う一瞬の時がめぐってきた」

「これが来年復帰前の天皇の訪欧なんだ」

「天が采配した見事な贈り物だ」

「弾圧は型通り厳しいと思うが、戦前のような拷問によって命は奪われることはない」

「なぜなら、象徴天皇は沖縄にした仕打ちのせいで、慈悲深い神様を一生懸命に演じざるを得ない、我々を乱暴に扱うことができない」

「それより気をつけるのは、右翼の嫌がらせだ」

「我々を追いつめて殉教者にしたら、日本史に記憶される」

「どちらの陣営が損するか、言わずもがなだよ」

「それでは、権力の私たちに対する戦略はどういう形で動くの？」

「それは、はっきりしている。我々の自滅を待っている。我々の外堀の応援団を潰しながら、真綿で首を絞めていく伝統的手法だよ」

「外に残るミッションの俺も、お前も、事件直後から非国民の大罪人だから、七二年沖縄返還が終わり、ほとぼりがさめるまで、最低三年は食らうだろう」

「闘争計画の本題に入ろう」

「問題は資金計画だ。だいたい弁護士費用と突入までの生活費用、それと指導スタッフの費用、地下生活費用、支援者集会費用と、行動隊家族の生活費と、会議費用、通信費用などなど、裁判が三年かかるとして、小菅拘置所での差し入れ費用なども検討しなければいけない」
「なんやかんやで三年最低、三五〇〇〜五〇〇〇万の予算はかかる」
「しかも、突入に成功したその日から集めなくてはならない金なんだよ」
「裁判闘争でどのくらい支援金が集まるかによる」
「天狗山に突入すれば、賛同する沖縄の同志が増えてくるから心配するな」
「さー簡単には、人も増えないし、カンパも増えないよ」
「逆に、怖くなって今までの味方の陣営も逃げていくと思うよ」
「天皇問題はそれくらい魔物なんだよ」
「そんなリスクが分かっているのに、ではなぜやるのよ」
「沖縄問題を解く最大の手助けになるという、『沖縄の声』の囁《ささや》きを聞いたからだよ」
「いいえて妙ではあるが、時の運かな」
「だいたい今回は中核本体にも話を通してないし、ばれたら自己批判を要求され、俺は除名されるよ」
「優秀な実務者がほとんど逮捕されて、俺のような実務音痴がリーダーだからな〜」
「悪いことに、革マルとの内ゲバで、新左翼離れが始まっている」
「カンパが集まらなくなっている」
「我々を取り巻く政治情況は、我々に利にあらずだよ」
「ここにいる委員以外で、今回の天狗山を知っているのは東京で三名だけだ」

「九大の具志堅、徳島大の粟国、神戸大の屋我、阪大の亀島、京大の津嘉山グループには明日から夜行で会いにいき、全国にいる沖縄支援体制を短期間で構築するしかない」

「しかし、怒るだろうな、彼ら全員、我々と同格か、我々より上だ。しかも、国費留学生グループだからプライドは高いしな」

「まあ、あまりにも秘密を要し、時間もないし、人材さがしに慎重を要したと説明するよ」

「行動隊メンバーから外れているから、事が権力にばれても、立案に絡んでないし身の安全は保証されているから、客観的に対応して賛成するよ」

「日本国憲法の持つ核心を理解してもらうのに最高のステージだな」

「天皇制打倒とか、革命論の理屈は、裁判をやりながら考えよう」

「もし、突入に成功して天狗と会ったらどうするの？」

「暴力をふるうの？」

「馬鹿か、そんなことをしたら、ヤマトの心のなかに黒い傷を残すだろう」

「沖縄と本土の和解が目的だろう」

「あんな広い皇居でどうやって天狗をさがすの？」

「赤穂浪士みたいに、吉良がみつかると思う」

「これは重要なことだから、もう一度聞くが、天狗に会ったらどうする」

「うう～天狗と会う場面は、国造りの神様との会話だと思えばいい」

「じゃー我々の闘いは、日本の神様との闘いなのか」

「ヌチドタカラ（命は宝）と大天狗に説法する儀式と思えばいい」
「じゃ、天狗山にはどう侵入するのか」
「大人数ではダメだ、目立ちすぎる」
「歩きでは、門の手前で止められるぞ」
「実行部隊の足は車を使い、一気に警備所を突破するのが一番良いな」
「車を一台とすると、定員の関係から五名だな」
「天狗山門は、午前一〇時頃に開門され、天狗庁出入りの車輌が入っていく」
「山門が開くときに、警備隊は五人位が車輌止め柵に寄ってきて、車が通れるように柵を動かす」
「そのタイミングを狙う」
「『香車』は内堀通りの大手町交差点で、左折線で待機」
「レポ車の『桂馬』は並列して、『香車』が突入できるように他車輌の動きを牽制する」
「交差点から全速力で、一分でそこには到達できる」
「防止柵を車で突破できればいいが、止められたらそこで車を乗り捨てて、発炎筒に着火し、徒歩で山門に走る」
「門の左手に警備員二名がいるが、発炎筒を振り回しながら、警備員を避けて、門の真ん中を走る」
「開門した中に入れば、右手二〇〇メートル先に天狗庁が見える」
「そこに向かって全力疾走」
「天狗庁玄関に警備員が二名、パトロール含めて全員で総勢一五名前後、以外と警備隊が少ない」

「全員念のために、胸手足に塩ビのプロテクターを装着すること」

「挑発しないこと、ただひたすらに逃げ回って、天狗庁の玄関を目指すこと」

「玄関に到達できれば、バンザイ」

「天狗庁の玄関でヘルメットを外して、おとなしく逮捕されること」

「どうせなら火炎瓶を使って派手にいこうぜ」といった過激な発言も飛び出したが、私は直ぐ「殺傷目的のテロとは違うぞ、発炎筒を見せるだけのパフォーマンスで良い」と制し、次のように言葉をつないだ。

「今回は、武器は用意しない、紅炎効果を狙う発炎筒と沖縄出身者のアピール用のヌンチャクのみ」

「ヌンチャクは背広に二本二本ずつ詰め込む」

「できるだけ、玄関でヌンチャクはばら蒔くこと」

「途中、振り回すと相手を武装させるので、最後まで使わないこと」

「警備隊に怪我をさせるな」

「暴力行為の裏をとられないこと」

「警備隊が殴りかかってきたらどうするの」

「手を出すな」

「念のための確認、警備隊は全員が銃を装着している」

「突入まで、私たちがやれることは、避ける技術の訓練と二〇〇メートルの走りこみのみ」

「最後に、これは裁判の維持と仲間の団結を保つために資金確保が大命題である」

「財政は命綱である」

「それぞれがもっている支援者のカンパの予定額をだして欲しい」

「それだけでは不足するから、今回は事業部隊一〇隊を組織しようと思う」

「どういう部隊なの」

「靴修理、ラーメン屋、焼き芋や、建築機オペレーション屋など、先ずは二名の細胞で始める」

「責任者は慶應の砂川を当てる」

これらの事業部隊は財政を生み出す組織であり、「靴修理事業」の仕組みは一名が団地などの家庭を訪問し、一名がかかとや靴底の取り換えなどを行う、御用聞き機能付き靴修理、今でいう、各駅にあるミスターミニッツのようなものであった。月間売上は二〇万前後あり、三万円を裁判費用として上納させた。

「焼き芋屋事業」中古車を購入して稼働させたが、焼き芋は利益率も高くよく稼いだ。

また「ラーメン屋事業」は屋台を親方から借り、屋台の借り賃と売上の二〇%を納めるシステムとした。

特に、収益力が高かったのが「古紙廃品回収」であった。（余談ではあるが、駅などで新聞や本の回収をし、全て一〇〇円で販売するという商売は沖青委の事業組織に出入りしていた元メンバーが始めた事業である。）

「ここにいる沖縄出身者は全部逮捕されると思うので、裁判を維持することと行動隊メンバーの差し入れ接見維持の次の指導体制だけは作っておこうと思う」

「指導部のメンバーは、静大の遠藤、日大の花岡、慶應の田淵、全部本土の人だから逮捕の心配はない」

「救援対策部長は広大の池宮城隆が引き受けることを承諾した」

「彼は東大の安田砦で逮捕されたよな、確か今、小菅拘置所にいるんじゃないの」

「運がいいことに、安田講堂の一階の防衛隊に配置されていて、罪が軽かった」

「二年の勾留で出てきた」

「本多さん（中核派書記長）に話すタイミングが難しいが、決行前に時をみて話す」

以上、次回の集まりは、こちらから連絡する、連絡チームはいつもの三名のペアーでやる。

「三名の指定拠点は、今回は電話帳方式*でいく」「連絡メモは、水溶紙を使うこと」「大量用意したから帰りに必要な分だけもっていくように」

＊電話帳方式とは、電話帳を使って連絡場所の喫茶店を決めていく方法で、喫茶店の名前だけを指示して、番号は電話帳で探して特定していくやり方である。

「再度注意、毎日、自分の部屋を出るときには、必ず玄関のドアのすき間に髪の毛を糊張りすること」

「毛髪の位置に変化があれば、部屋に入らずに、アジトから遠く離れた所で三名と連絡をとり、足をくじいた捻挫したとの符丁を使ってＳＯＳを発信し、つぎの部屋を借りる指示を受けとること。

名義人はこちらで用意する」

「今日から決行までおおよそ四〇日、全員の無事を期待する」

甲論乙駁《こうろんおつばく》、闘争に向けての意見や方法、見方などが矢継ぎ早に出された。

突入の当事者として手を挙げたメンバーは一〇名にも上り、更に、メンバーは口々に「オレを選んでくれ、沖縄の無念を天皇に伝えたい」と強く要請があったことから、私は全体の監督指揮をとる役目に回った。

「闘争形態の革命だな、どのセクトも考えもつかなかった」

「その名誉は俺が受けるさ」と叫び、換金目的で沖縄から持参していたジョニ黒などの高級ウイスキーをあおって自らを鼓舞した。

アメリカ統治下の当時の沖縄は超ドル社会であり、かつ、一ドル＝三六〇円のドル高円安時代であった。また、特例処置でウイスキーに関税はかからなかった。高級ウイスキーや、那覇の三越デパート前などの闇市、通称、平和館ＰＸ市場でオメガなどの高級時計を購入し、本土に持ち込み、アメ横などで換金して闘争資金の一部に充てていた。

今では泡盛が主役の沖縄ではあるが、泡盛は島ぐゎー（島酒）といって沖縄の人もバカにしていた。当時の泡盛は酒油が浮き、臭みがあってとてもうまい酒とは言えなかった。また、日本酒も甘酒といって飲む習慣はなく、酒は全部舶来品で、それをアメリカ文化の象徴とも言えるコカコーラやペプシで割って飲んでいた。本土の他のセクトのメンバーは安ウイスキーを飲んでいたが、沖縄の我々は高級ウイスキーで、反米闘争をしながらも変な優越感を感じていた。特に南灯寮近くのシンパの画家のアトリエにあずけた一〇〇本余りの高級ウイスキー「ジョニ黒」「ホワイトホース」は金欠になった時の換金品として私たちを助けていた。

この謀議の内容は過激であったために、その場の雰囲気に推されて実行部隊への志願者の数は増えていった。しかし、私は志願した者が冷静になって改めて自身の将来を見つめ、降りる者が出てくると思っていた。

そのため、実行部隊への参加を希望するメンバーに対して「改めて言うわけではないが、皇居へ突入すれば、その後の人生は、間違いなくハンディを背負ってのスタートとなる。迷いが出たときには遠慮なく実行の前日までに申し出ること」ときつく念を押した。

私自身も含めて一八～二四歳の若さで敢えて自ら人生にマイナスを付けることの不安と葛藤があった。そして私の人生は、実際にその筋書通りの人生を歩むこととなり、かくも長きにわたり、昭和天皇を身近に感じる人生を送ることになった。

以上が石神井ホテルでの打ち合わせ内容であった。

坂下門騒乱事件の要諦は、沖縄の世論の代表が、事を起こしたという象徴のために、沖縄が発祥の空手の武具であるヌンチャクを振り回し、「天皇制反対」「沖縄に謝罪しろ」と叫び、かつヌンチャクを、坂下門前にばらまくという手はずにした。

ヌンチャクは全部で一〇本、五名の突入者に一〇本は多いと思われるかもしれないが、武器としての使用ではなく、名刺代わりとしての携帯が狙いであったので、この本数が用意された。

皇居の門の警備状態や開門のタイミングなどは、公開されている情報の裏付けのため、「レポ隊」を作り実際のターゲットとすべき場所を絞り込んでいったが、坂下門以外は考えられなかった。

＊皇居突入実行前の葛藤

実行者五名の選出は、合議で決定したが、実行日が近づくにつれて、危惧した通り、一人二人と脱落し、結局、九月一五日の最終確認時には五名となってしまい、苦労してメンバーを選出した意味は無くなってしまった。脱落者が出てしまうことは、忠臣蔵の討ち入りと同じである。脱落する理由の多くが、天皇の戦争責任糾弾という目的のため、手段として逮捕されることが目的化してしまった裁判闘争で、自分たちが受けるであろう量刑の重みをそれぞれが受け止められなかったことだった。実刑になってしまえば自分たちの将来はどうなるのか？　不安はどんどん増幅していき、脱落者も増えていった。

最終的に実行部隊のメンバーに名乗りを上げたメンバーに触れておきたい。

一九六九年一月に起きた医学部の学生と研修医が処遇改善を訴え、東大安田講堂を占拠する事件が起こった。この事件によりこの年の東大入試は中止となってしまった。この時に浪人生を主体として組織されたのが、浪共闘（全国浪人共闘会議）である。ある意味自然発生的に生まれた彼らは思想的にも同一ではなく様々であった。彼らは東大を目指していただけにシャープな考え方を持っていた。本来、日本の変革のために国家公務員など日本の中枢で頑張ることを希望していたが、入試の中止に伴い、その思考と行動の方向がアウトサイダーとして全共闘の方向性とシンクロしていった。

彼らの中の沖縄出身者、宮里政昭、喜久里基、當山重剛の三名が、この計画に賛同し沖青委に加わり、決死隊となって実行してくれた。

彼らの共通した思いは、終戦を決意しながら沖縄を焦土にした昭和天皇を絶対に許すわけにはいかない。しかも、勝敗が決していた沖縄戦の最中に、首相鈴木貫太郎をして「我が肉弾による特攻兵器の威力に、敵も恐怖をきたしている。私ども本土の国民も時来たらば一人残らず特攻隊員となり最後まで戦いて終局の勝利を得んことを固く決意している」と言わしめたその張本人である昭和天皇が、なぜ終戦後の全国慰霊の行幸において沖縄を避けたのか、謝って済む話ではないが、沖縄の赤い大地に額をつけ戦没者に謝罪してほしい。皇居に突入し裁判を通して、昭和天皇からの謝罪を引き出し、沖縄の未来が少しでも明るくなるようにとの思いであったのだ。

沖縄戦を昭和天皇の命令通り実行し、大地は焦土と化し多くの県民が命を捧げたにも拘わらず、なぜ終戦から今に至るまでアメリカ軍基地が存在することによる事故や犯罪に苦しめられなければならないのか？

本土の心ある人々や沖縄の同胞が立ち上がるまで、天皇に物申すため皇居に突入したという誇りをもったウチナンチューの日本人として生きていきたいとの心情であった。彼らは、それぞれ天皇に対する糾弾書を遺していった。

その糾弾書の内容は、多大な犠牲をもたらしたアジア人民に対する血債、並びに沖縄に散った二〇万人の鎮魂と昭和天皇に対する戦争責任、人民を搾取し国民の犠牲のもとに君臨し、国民を見捨てた昭和天皇に対する憤怒義憤が刻まれていた。また、革命の先駆けとならんとする彼らの決意が記された。究極の叫びでもあったが、余りにも強すぎる沖縄に対する思いと、その文の過激性故に敢えて本稿では掲載を差し控える。

改めて、この計画は先の大戦で、日本人としてアジアの人々に迷惑をかけた沖縄と本土の抱える共同の責任を少しでも払拭する天皇裁判として位置付けていたため、本土側の人間も加わって事を起こすことが必須であったが、決行前日、更に本土の一名が脱落し、四名で実行することになった。

ウィキペディアに書かれている少年（Aとする）を参加させることにしたのは、本土中核派と沖縄青年委員会との共同作戦であり、そして、天皇制に抱いている沖縄と本土の歴史的、文化的な感覚の違いを裁判で明らかにすることを狙いとしていた。本土側の参加は、天皇制のあり方そのものを裁判の論点とさせるための演出でもあった。

少年Aに対して、「オイ、やれるか」と声をかけた。

「イイすよ、本土の責任の取り方ですから頑張りますよ」と答えてくれた。

Aに対して、しつこいくらいの注意をした。

「絶対に皇宮警察官と事を構えるな、ただひたすら鬼ごっこをして、門から少しでも内側に入り込むこと。間違っても暴力沙汰は起こさない。いいな」

「ヌンチャクは名刺代わりだ、沖縄の正義の象徴をばらまいて来てくれ」

突入の前夜は、西武新宿線下落合駅前にあった山楽ホテルに宿泊した。山楽ホテルは、当時でも珍しくなっていた和風旅館で、下落合というなんともマイナーな立地と唐破風の入口が、時代がかった古めかしい雰囲気を醸し出し、隠れ家の宿として密会にふさわしい場所であったが、一方でラブホテルとして利用されることも多かった。

ただ「今日このホテルに逮捕されず無事たどりついたことは成功の第一歩である」と告げて「ここからが本当の勝負だ。今、ここに公安が踏み込んでくることもあり得る。各自、身元が割れるようなもの、余計なものを身に着けていないか、自己点検と互いの点検をするようにしよう」と呼びかけた。

「先ずはカバンをひっくり返し、荷物を外に出すこと」

「着ているものを全て脱いで裸になること」

「さぁ、始めよう」

最後の最後まで、気を抜くようなことはすまいと気を引き締めていた。

＊一九七一年九月二五日　決行当日の詳細

翌日の決行の朝、朝食時に調達責任者の具志堅用典から「ブルバード二台の修理が完了」したとの連絡が入る。続いて、レポ隊（偵察）の我謝勝平から「雷門の受付は午前一〇時半から始まり、午前一一時に締め切りです」との連絡が入った。

短く「富士山登山は予定通り決行する」旨の指示を出し、「いよいよ、沖縄の正義を実行するための歴史的な日を迎えた」と告げた。

「捨てられた子にも親を選ぶ自由がある」

「そう簡単に日本の言うがまま合流することは出来ないという、沖縄の青年の矜持を示す誇り高き時間が迫っている」

「我々の行動は、新左翼運動の今後の闘争の羅針盤にもなる。成功を期するため全力で当たってくれ」。そして「警備の警官にかまうな、ただひたすら皇居の奥へ突入してくれ」と、檄を飛ばし、各自の決意を確かめ、握手して送り出した。

宿泊していないメンバーと合流するため、それぞれが見える距離をとり、バラバラに集合地点の靖国神社に向かった。一網打尽とならないため、集団として動くことは避けた。

集合場所の靖国神社は、当時も今も左翼にとっては単なる慰霊の場ではなく、軍国主義の象徴であり天皇神道そのものである。私達の沖青委も靖国神社という施設そのものに敬意を抱いていたわけではなく、むしろ嫌悪の感情を持っていた。しかし、集合場所としては地理的に皇居に近いということもあり、沖縄戦で散ったひめゆり部隊の少女たちや一四歳～一六歳の少年たちで編成され玉砕し鉄血勤王隊の御霊も祭られており、昭和天皇がA級戦犯の合祀を理由に参拝を止め、天皇が英霊を見捨てた神社でもある。靖国神社は、戦争責任のいろいろが詰まっている象徴でもあるのがその理由であった。

万が一、今回の決起の情報洩れがあり、メンバーの誰かが公安の職務質問等に引っ掛かった場合には、プランBは無し、つまり即中止と決めていた。

天皇の訪欧反対闘争が一段と激化し、各セクトの闘争内容や計画が公安にも知られるようになっていた。警察庁においても、数回にわたり警備対策会議が開かれ、警備局の丸山参事官を統括者とする対策本部が置かれていた。

これに伴い警視庁でも皇居周辺の警備強化がなされ、また、皇宮警察でも本部長を責任者として、護衛警備本部を設けるなど国の警察組織全てを上げて厳戒態勢を取り、情報の分析に注力していた。

我々の計画の情報は、既に公安に捕まれている可能性もあると思っていたが、当日まで不審な動きもなく、幸い当日の集合場所である靖国神社まで妨害の動きはなかった。坂下門の開門時間にあわせて、午前一〇時半頃靖国神社の鳥居前にて、具志堅用典が調達してきた車に乗り換え、白ヘルメット四個（沖青委三個、中核派一個）とヌンチャクの入ったバッグ、それに座席下の発煙筒を確認して皇居へ向かった。レポ車が後に続いた。天皇の二七日訪欧のためか主要道路での検問体制が厳しかったが、私たちは検問に引っ掛かることなく計画は進行していった。

渋谷のアジトは公安に盗聴されていたので、道玄坂を登りきった喫茶ライオンの連絡本部に集結し、電話器が傍にある席を確保して、メンバー約一〇名と共に吉報をまった。

一九七一年九月二五日、午前一〇時五〇分、レポ隊の我謝から待ち望んでいた電話連絡が入った。

「無事にフジサンを登った」との吉報であった。

「トラ、トラ、トラや」

「皇宮警察に追われて、坂下門の中まで入ったことまでは確認したさ」

我謝からの声に、ライオンでは歓声が上がった。

「よし、やったか」

「歴史が動くかも知れんなぁ」

「犯行声明を出そう」

我々は、興奮に包まれ高揚していた。事件の詳細はその日の夕刊で確認した。

私は何度となく無抵抗で捕まることを指示していたが、実際の現場では高揚がピークに達していた。メンバーは、坂下門で車を阻止させられると発煙筒を投げつけ、警察官を殴打してしまった。更には、警邏中のパトカーにも発炎筒やコーラ瓶を投げ、皇宮警察官二四名と警視庁警察官二名によって追われ、宮内庁玄関内で逮捕された。

建造物侵入、公務執行妨害、暴力行為処罰法違反、傷害罪の現行犯逮捕であった。思いもよらない最高の成果、宮内庁玄関に突入し、ウィキペディアには玄関で四人が取り押さえられたとあるが、実際には一人は二階まで突入した。

いつ逮捕されるかという不安感を常に抱いたままこの計画は進行し、皇居突入という第一目的は完遂したのだ。突入成功の知らせを受けた時には、日本の公安警察は極めて優秀であり、石神井ホテル、山楽ホテルなどでの会議内容の漏洩や、相次ぐメンバーの戦線離脱者などから情報が洩れているのではとの思いが常にあった。

靖国神社で行動隊を送り出した時には、もしかしたらこの計画はバレていないと思うのと同時にここで逮捕されても、坂下門前の検問で逮捕されても未遂として事件化できるし、どちらにしても成功したと感じた。一番恐れていたシナリオは、拠点のホテルやアジトを出たタイミングで逮捕され、事件化もされずに終わってしまうことであった。

一方、計画成功の暁には、その後に必ず訪れるであろう、様々な難関の重圧を感じていた。この高揚する気持ちとプレッシャーに押しつぶされる複雑な感情が交錯していた。

＊皇居突入の犯行声明と記者会見

犯行の翌日朝八時、各新聞社に沖縄青年委員会の名前で犯行声明を出すとの連絡を入れた。

「本日、朝一〇時、渋谷区円山町の喫茶ライオンにて、時間を一〇分に限るが犯行に関する記者会見を行う」

この喫茶店は、昭和元年にオープンした名曲喫茶で、今でも多くのクラシックファンが足しげく通ってくる。徳田球一が、戦後日本共産党再建に向けてフラグ会議を開いた場所でもあった。

制限時間を設けたのは、右翼の襲撃と公安関係者の動きを封じるため、やむを得ない制限であった。沖青委のメンバー一〇名で、防衛隊を作り、喫茶店の入口を固め、新聞社と公安のチェックのために身分証明書の確認などを行い、一〇名まで受け付けて中に通した。私が犯行声明を五分で一気に読み上げ、記者の質疑五分として記者会見をスタートした。

「我々、沖縄青年委員会は、天皇の命令によって戦死を強いられた〝英霊〟への弔いと謝罪を天皇に求めるために、皇居に突入した」

「沖縄を切り捨て、売り渡した天皇を糾弾する」

「沖縄の民へのけじめとして、訪欧の前に沖縄へ謝罪の訪問を求める」

「国民平等の立場から法廷の場をかりて、天皇の責任を明らかにしたい」

　私は、犯行声明を読み上げるうちに、沖縄が背負わされてきた負の歴史を思うにつれ、悔し涙が浮かんできて、最後は絶叫するような声でアジテーションをした。

　記者からの多くの質問が飛んできた。私は興奮して質問に答えはしたが、質疑がかみ合うことは全くなかった。店外にあふれるほどの多くの報道関係が押し寄せたなかでの会見であった。

　当日の夕刊各紙には、大きく「白ヘル皇居に突入」「四人逮捕」「天皇制糾弾の封書」「中核系活動家」などの文字とヘルメットが散乱する宮内庁の玄関や突入後にジュラルミンの楯で警備する機動隊などの写真が掲載された。

名曲喫茶「ライオン」

　翌日の朝刊には、「中核派の松尾真委員長と沖青委の山城幸松代表は、皇居内に突入した四人は、私たちの同志であり、これを突破口に戦犯天皇を徹底的に糾弾する戦いを展開していく」とのコメントが載っていた。

　地元沖縄の琉球新報には、「沖青委の四人の青年が火炎瓶を持って皇居に「戦犯天皇訪欧糾弾」を叫んで突入する事件があった」との報道記事が大きく載ったが、火炎瓶ではなく発炎筒であり、人に危害を加える計画ではなかったが、現場の高揚した揉みあいの中で警察官数名に怪我を負わせてしまった。

目的は裁判闘争の手段として逮捕されることであり、人を傷つける意図などは全くなかったが、やはり事件の衝撃の大きさ故か、報道は過熱気味になっていた。

＊皇居突入に対する沖縄の反応

しかし、マスコミに大きく取り上げられたのは、その時だけであった。熱気を帯びた記者会見ではあったが、その後は政治的な圧力が掛けられたのか分からないが、殆ど記事になることは無くなった。裁判で天皇の戦争責任を問うという目的は、少しも果たすことは出来ず、手段としての暴力のみがクローズアップされ、特にマスコミは冷ややかであった。

沖縄の左翼勢力も天皇制などの問題からは距離を置く姿勢が強かった。私たちの訴えたい主義主張などは、まだ萌芽期にあり、事を起こさなければならないという我々の熱き思いを理解してもらうには、本土にいる沖縄出身の学生を始め、沖縄全体にも時期尚早であった。

天皇に対する県民のしこりは残っているものの、沖縄の世論は糾弾すべき天皇制や天皇責任についての深い理論武装もないまま、暴力的に皇居に突入したという衝撃故か、沖縄社会からの支援も皆無に近く、いつもは大きく紙面を割くはずの沖縄の二大メディアからも全く無視されてしまった。

しかし、戦前の天皇制について身をもって経験してきた本土の知識人の支援は多大なものがあったが、沖縄の文化人の支援は皆無であった。沖縄県民にとっては、この時の私たちの行動は、見事に「枠外の民」の振る舞いと映ったのであろう。

坂下門騒乱事件の後、日本テレビの人気番組「イレブンＰＭ」が、坂下門騒乱事件そのものでは無かったが、「右翼と左翼の対決」というテーマのディベートを企画し、私が出演した。演出の構成上は、お互いが罵倒しあう形となっていたが、実際には、かなり気合いが入っていて徹底的にやりこめた記憶がある。

「イレブンＰＭ」は、お色気番組としてのイメージが強いが、時事問題などを扱う硬派なテーマも同時に取り上げていた。

このテレビ出演や犯行声明は、その後、右翼からの襲撃の「さそい水」効果を生むが、その時には自分が襲撃の対象になるとは思ってもみなかった。

＊素早かった右翼の反応

沖縄で素早く反応を見せたのは右翼勢力であった。沖縄の右翼団体で暴力団でもあった「東方会」などは、事件関係者の実家に様子を見に来たりした。

私も、沖縄大学で開かれた一九七二年の「４・２８沖縄屈辱の日集会」の講演の後、自治会委員長をしていた比嘉正一を伴って沖大の正門を出たところで、東方会のメンバー五〜六名による襲撃を受け、映画館である元沖縄東宝本館の屋上家屋の事務所に監禁されてしまった。

「何故、皇居に乱入したのか?」

「東京の本部からお前らを捕まえろと指示がきている」などと罵声を浴びせられた。

東方会の親分は右翼で地元経済界でも力を誇示していた屋宜敏夫であった。東方会は後に暴力団東和会となる。

私は、「沖縄戦で犠牲になった沖縄県民に対して、天皇の謝罪を求めているのだ」

「要は、天皇に落とし前をつけてほしい」とそれだけを終始発言した。

幸いに、暴力を受けることはなく、私を拉致したメンバーの何人かは、幼い頃からよく知っている先輩宮里正男や、小禄高校の一期後輩で、記者の息子、伊礼興信。特に宮里正男は、那覇中柔道部の二期先輩、元沖縄東宝本館社長の息子で、那覇高校、駒沢大学、牧志地域のリーダーで、長岡柔道場の同門でもあった私の兄貴分であった。また、伊礼とは父親同士が「沖縄日の丸掲載協会」の役員をしていた関係で、幼い頃から友達で、中大で空手をやっていた。

時間の経過と共に、「幼馴染でも立場が異なるとこうも形相が違うのか」という相手をみる余裕が出ていた。誰の知恵かわからないが、うまい具合に役者が登場したなと思ったのを今でも鮮明に覚えている。しかし、彼らのひそひそ話の中に「どうやって那覇港に投げ込むか」などが聞こえてくるので、殺されるのかという恐怖心にも襲われた。

宮里は、「よく皇居に入ろうとしたな、コーちゃんの発案なのか?」

「天皇陛下を怒らせたら死刑になると思わなかったのか」

「お前の親父と会ったが、相当怒っていて非国民を身内から出したと言って動揺していたぞ」

「大学までいかしたら、かえってバカになったってな」

「まだ続けるのか」

私は、「続けるも何も、昭和天皇は沖縄の犠牲者に対して言葉一つかけないではないか」

「そちらの兄も親戚も、沖縄戦で犠牲になっているではないか」

「生きている限り、謝罪を求めるつもりさ」

宮里は、「バカか、天皇陛下が沖縄に謝るはずはないよ『沖縄の黒ザルごときに皇居を汚された』と、数寄屋橋で赤尾の爺さん*が怒っているぞ」

「辞めた方がいい」

「こーちゃん、ヌチドタカラドー（命が宝）、ヤマトンチュカイ、クルサリーンドー」（このままでは本土に殺されてお前も犬死だよ）

＊赤尾敏は、右翼政党「大日本愛国党」初代総裁。当時党員であった山口二矢は、一九六〇年一〇月に日本社会党委員長浅沼稲次郎を刺殺。

私は、「正男さんが、リーダーで始めた那覇のガマ（洞窟）にあった遺骨収集を手伝った、あの小学校時代の感情が今も心に残っているのさ」

「その時、拾って骨を洗った経験を時々思い出す」などと話した。

いろいろと問答はあったが、宮里が東京の東方会との連絡のため席をはずしたりして、時間が経過してくるにつれ、彼の態度や口調が柔くなってきた。

結局、釈放されたのは、東京東方会が忖度したのか、三時間ぐらいの監禁の後、「東京の方から解放しろという指示がきたので、県庁交差点前まで送っていくから」と宮里が笑顔で接してきて解放された。

皇太子が沖縄を訪問した翌年の一九七六年、宮里と新宿のワシントンホテルで偶然に出会った。

宮里から、あの時の監禁について謝罪を受けた。また、皇太子（当時）が沖縄を訪問されたことで、「子どもが親の事で謝ったから昭和天皇を許したらどうか」と言われたが、その時には「天皇の謝罪と普通の親子の謝罪とは次元が全く違うじゃないか」と反発したい気持ちもあったが、口には出さなかった。

宮里は私の父の病気見舞いにいったときに、「自分は軍隊で菊の香りに満ちた日本人になるために、七回生まれ変わって国に奉仕する『七生報国史観』を叩きこまれ、中国南支戦線では日本陸軍の模範となるために、いかなる命令にも従い忠実な憲兵を演じてきた。息子は真逆な生き方をしているが、自分と同じように沖縄を背負って苦労しているのだと、最近は思うようになってきた」と涙声で語り、事件の性格上大事に至らなければ良いが、と心配していたと亡くなる前の父の心情を語ってくれた。

別れ際に「自分は右翼ではない、沖縄には本来の意味での右翼はいないさ。何時も親父が泡盛を飲むたびに口にしていたのは、日本の兵隊がウフガナシー（尚泰王＝王朝最後の王様）を東京に連れて行った」という言葉の裏側が妙に気になった。

宮里の父親、宮里弥吉（元沖縄東宝本館社長）は首里の出身であり、首里空手の達人本部朝基（ムトーゥブサール野猿）の直弟子で戦前から名を売った空手の使い手でもあり、当時の興行主の多くが保守的であったように彼もまた国粋主義的な人物であった。

＊皇居突入の後始末

後始末の裁判費用や弁護士の選任には思ってもみなかった苦労が生じた。まず、この裁判の弁護をしてもよいという弁護士は、どこにも見当たらなかった。世の中は新左翼の活動家に対して、一片の同情もなく、裁判費用の乏しい私たちの案件を引き受けても良いという弁護士は出てこなかった。我々は、デモなどで逮捕され裁判沙汰になった場合を想定し、救援対策委員会（救対委）なる組織を作っていたが、メンバーの逮捕もあり、一人で切り盛りすることになった。

弁護士を探すのも一人で東奔西走し、電話ではらちが明かないので、弁護士会館に日参し、片っ端から依頼をして回った。「お願いします、話を聞いてください」と駆けずり回った。

私の話を聞いてくれた弁護士の方々の反応は「天皇制を裁判で訴えるって、事案とズレてるじゃない、はなから視点が違う」「行為そのものより、動機を主な論点にして裁判を行うなんて変と思わない？」「裁判の費用はあるの？」

そんな反応ばかりであったが、しかし捨てる神あれば拾う神があるものである。そんな様子をみていたのが、儀門正保弁護士であった。

私のことが弁護士会館でも話題になっていたようで、幸いにも儀門正保弁護士の方から声をかけてくれた。

「君は沖縄出身かね」

「時々見かけるけど、毎日来てるのかね」

「余程深刻な問題があるのかい」

私は藁にもすがる思いで思いの丈を声に絞り出した。

「皇居に突入した事件なんですが、弁護を引き受けて頂ける先生がいなくて困っています」

「ああ、坂下門の件か、ちょっと厄介だね」

儀門弁護士は、少し逡巡したもののこう応えてくれた。

「私も沖縄には、ひとかたならない因縁があるので、よければ話を聞こうか」

儀門弁護士は、沖縄戦と称された戦いでアメリカ軍が最初に上陸した慶良間諸島のひとつで生き残った方であった。また慶良間諸島は住民が日本軍から集団自決を強要された悲劇の島でもあった。

当時、慶良間諸島には、水上特攻艇の基地が作られていた。モーターボートに爆薬を搭載して体当たり攻撃するもので、海軍では「震洋」陸軍では「マルレ」と呼ばれていた。任務は、沖縄本島の西部海岸に上陸しようとする敵海上部隊に対する特攻攻撃であった。しかし、実戦で使用しようとするモーターボートは、スピードも遅く、せいぜい貨物船に体当たりする程度の攻撃力しかないシロモノで、人命の犠牲を前提とする兵器であれば尚のこと看過できない問題の特攻兵器であった。事実、この子供が考えたような貧弱な特攻兵器があげた戦果は、フィリピンなどに配属された全てを合わせて、若干の小型艦艇に損害を与えた程度であった。この基地があるために住民でも投降する者はスパイとみなされ、日本軍によって処刑された者もいた。

儀門弁護士は、ある意味、運命的なつながりを感じさせる弁護士でもあり、沖縄に対しての贖罪の意味を込めて弁護を引き受けると言ってくださった。沖縄に心を寄せて下さり、裁判費用も心配しなくともよいともいって頂いた。私はその瞬間、あまりの嬉しさに涙を抑えることが出来なかった。

裁判の打ち合わせの合間に、儀門弁護士が語ってくれた慶良間諸島の戦いを聞くことは、戦争という環境下とはいえ、また天皇の命令であるとしても死地に追いやる不条理な姿が私の涙腺を刺激するに十分であり、同時に憤怒の思いが湧き上がってきた。

「山城さんたち沖縄の人達の苦しみは本当に良く分かる」

「僕はね、この戦争に疑問を持っていながら志願兵として戦いに参加した一兵卒だった」

水上特攻艇「震洋」

「私の父はね、新潟で駐在勤務をしていた警察官でね、兄弟が多かったことで高等小学校は卒業したが、中学校に進学することは許されなかった」

「進学出来ない不満からかな、万世一系の天皇制には疑問があるとか、公言していたから父親はね、東京のような場所にでれば、すぐアカになってしまうなどと心配していた」

儀門弁護士は大きなため息をつくと、こう続けた。

「私は中卒資格の検定を取り、代用教員になった。だけどね、徴兵年齢が二〇歳から一九歳に下がり、徴兵されて戦場に行くか、それとも志願兵として行くかの選択しかなくなった。山城さんならどっちの選択をしたかね」

そう言うと、一呼吸おいて、

「私は新しくできた特別幹部候補生制度（特幹）を志願したんだ。この特幹制度はね、一年半で下士官になれ、任期は二年という制度で、どうせ徴兵されるなら特幹が良いと単純に思ったんだ。しかしこの特幹の真の狙いの恐ろしいところは、志願してきたからには特攻とされても文句はないだろう、その代わり階級だけは早く上げてやるという制度だったんだよ。こうした志願兵一八〇〇人がね、一九四三年の四月に、香川県豊浜の、元富士紡績工場を急造兵舎に改築された場所に集められてね、陸軍船舶特別幹部候補生として第一期の入隊式が行われた。それでね、結局、その仲間はフィリピンと沖縄で一一四五人が戦死したんだよ。私は沖縄の慶良間諸島の阿嘉島に送られ、海上挺身第二戦隊『琉一六七七八部隊』として布陣したが、肝心の特攻兵器であるベニヤ製のモーターボートは、性能から特攻などが出来るような兵器ではなかったんだが、グラマンの機銃掃射と艦砲射撃であっという間にほとんど破壊された。私が乗る予定の艇がね、真っ先に燃え上った時、山城さん、私の頭の中に、ひょっとしたら自分の運命は変わるかもしれないという考えがよぎった」

「慶良間の戦闘はね、兵器と言えば特攻用のボートのみで、それを守る火器としては重機銃と小銃、それに拳銃と手榴弾しかなかった。それで上陸してくるアメリカ兵とどのように戦えというのかね。私たちの戦い方は切り込み攻撃しかなかったけどね、悲劇というより喜劇だったよ。慶良間諸島の戦いはね、華々しい戦闘も成果もなく、英雄的な軍人も現れなかった。私が布陣した阿嘉島での戦いの唯一の慰めは、座間味や渡嘉敷島などで起きた住民の集団自決がなかったことかな。私たちが死地に居る時、天皇は宮城で命の心配もすることなく過ごしていると思うと許せなかった。まぁ、天皇は現人神だから、当時、天皇を許せないなどと思っていた本土人は何人もいなかっただろうけどね。慶良間の戦いは戦略的にも戦術的にもかつ戦闘行為としても意味がなかったと思っているよ。食料が尽きると将校も投稿し、捕虜収容所では兵に暴力をふるった上官がリンチされたりもした……」

言葉を絞り出すように、次の言葉が私の心に響いた。

「沖縄が受けた苦労や辛酸は語りつくせないと思うけど、本土でも原爆が投下され、一九四五年三月の東京大空襲では無辜《むこ》（何の罪もない）の一〇万人が死亡、一〇〇万人が罹災した。私は戦争が始まった当初から、この戦争は勝てないと公言して睨まれていたけど、預言者でもない一〇代の私でも簡単に分かっていた。全ての情報を把握できていた天皇を始め、政府の中枢部は、戦争を始めた責任、そして日本人を死に追いやった責任に対し、自らの責任をとることは全くしなかったじゃないか。天皇は武人として軍隊の統帥権を持つ最高権力者だった、それなのに形式的であろうと自身の責任をＧＨＱに委ねるとは日本の武士道の精神とは相容れないと思わないかい」

儀門弁護士が言われた次の言葉に、私は再び湧き上がってくる涙を抑えることが出来なかった。

「天皇はね、多くの国民を死地に送り込みながら、自分の命を守るこ

1945年３月、慶良間諸島に押し寄せる上陸用舟艇

とを第一として、沖縄を切り捨てただけでなく、日本をも切り捨てたんだと思うよ。降伏する条件として、唯一、主張したのが天皇制の維持、それを国体の維持という曖昧で論点をすり替えるとも言える言葉に置き換え、自分の命の保証を望んでいたからね。正に天皇が象徴制という名の勝利の座を得て、日本は負けたんだね」

「まぁ、山城さん、こんな思いを抱いている人間は少ないだろうけど……。私が生き残った意味は、山城さんたちの弁護を行うことかもしれない。君たちの行動は天皇制に対する一つの弾劾書だよ。裁判費用は心配しなくてもいいから……」

と、自腹で裁判に臨んでくれた。

また、裁判費用の一部は、沖縄の悲劇にシンパシーを寄せてくれる本土の文化人にも寄付をお願いした。

『沖縄ノート』を著し、沖縄戦の集団自決の悲劇を世に問うたノーベル文学賞受賞者で、天皇制に一貫して批判的な立場を取っている、大江健三郎も、裁判費用のカンパに応じてくれた。

裁判の狙いでもある、天皇の戦争責任や天皇制の是非などがどのように扱われるか、また裁判の進捗などを支援者などにアピールするために、また、支援する応援団（知識人会）の組織化、カンパの募集などを手掛ける組織として、季刊誌などを発行する「新南陽社」という出版社（情宣部隊）も作った。ちなみに、この新南陽社の社名は、謝花昇が始めた「南陽社」という商社兼新聞社からヒントを得た。

裁判の過程で、最後に加わった少年A（当時東京農大学生）は、日本でも当時有名な暴力団組織の御曹司であることを知った。この暴力団の組員が、毎回裁判に傍聴しに来て、私たちに向かって深々と頭を下げてきたのが印象に残っている。「若のことを宜しく」との思いがあったのかもしれない。

本土人と沖縄の三人の分断を策すため、権力側の取り調べは厳しく、結局、この裁判は少年Ａにとっては重荷だったのか、分離裁判を希望して私たちと袂を分かつことになった。

うつむいて、去っていく少年Ａの背中に向かって、「沖縄を巡る戦いは、本土の支援が必要なんだ、沖縄単独では重すぎて厳しいよ」と囁《つぶや》いたが、少年Ａは振り返ることもなく遠ざかっていった。その光景は、私の心の中で忘れようがない記憶として残っている。

いま考えれば、私たちの側に、取調官の誘導にちょっとした雑談に応じた少年Ａに対し、寛容な心を持てなかったことを悔やんでいる。彼は、組織が不利益になることは何一つ喋っていなかった。仲間を分断した「黙秘概念」の単純な徹底性が問題を残した。

当時の新左翼運動家の考え方として、黙秘は勝利、しゃべることは権力と迎合すること、即ち転向敗北を意味していた。私は、東京拘置所に日参して檄を飛ばし、黙秘を貫く重要性を説いた。拘置所にいる彼らに対して、レーニン全集の必読書『国家と革命』（国革）『経済哲学草稿』（経哲草稿）を差し入れして「革命家の矜持」を説いた。

後の、沖縄新左翼が起こす過激な事件の口火ともなった、この坂下門騒乱事件ではあったが、裁判の進行は私たちが意図した方向には全く進まなかったし、マスコミも殆ど取り上げることはなかった。天皇制や天皇の責任を問おうとした裁判であったが、戦後の象徴天皇は、無私高邁な人格と皇室典範における外形的な位置づけに置かれているために、一般国民と同じ基本的人権などの概念は存在せず、天皇は日本の国体の象徴そのものであり、そもそも裁判の場で争えるテーマではなかった。

天皇制を語る場合、しばしば戦前の国を統治する全権限を天皇に集中していた絶対主義的天皇制と戦後の象徴天皇をごちゃまぜにした議論となりがちであるが、私たちはあくまで昭和天皇に対して、沖縄への贖罪の気持を表して欲しかった。しかし、私たちもしばしば天皇制を論じる際には混同した議論をしてしまうことも多かった。

沖縄は、戦前の統帥権を持つ天皇の下、沖縄県民は皇国の民になるべく粉骨努力し、その結果天皇の命令によって沖縄は戦場となり、その後のアメリカ統治下では、同じ日本人でありながら本土にも自由渡航できないという事実は、どのように考えても理解できなかった。

沖縄は、戦前の憲法で規定されていた天皇制を肌身で感じてはいたが、戦後の象徴天皇を規定した新憲法は、アメリカ統治下おいては沖縄に適用されず、新憲法を知らないで復帰までの二七年間を過ごした私たちの感覚では象徴天皇を理解していなかった。

それは「捨て子」であった当然の感情でもある。

＊訴訟対象としての天皇

平成天皇が高齢を理由として退位の気持ちを表明しただけで、生前退位の是非が大騒動になる象徴としての地位の存在であるが、その時の裁判は私たちの意図など裁判所も検察も斟酌すらしてもらえず、争点は住居侵入や公務執行妨害などの末節の手段部分のみの裁判となってしまった。

天皇は憲法上訴訟の対象外と規定されており、訴訟の要件として必要な苗字を持たない存在であった。天皇は臣下に苗字を与えることはあっても、天皇制が成立した古来より自らの苗字を持たない。

儀門弁護士が当初から指摘していた。

「山城さん、この裁判で天皇の戦争責任を問う手段は、その動機の陳述の際だが、検察もその発言を不規則発言として規制するだろうし、裁判官も恐らく同調する。それにのらず、冷静に論理的に自分たちの動機を発言し、それをマスコミに載せてもらうことが重要だから」

裁判闘争と位置付けてみたものの、公判のやりとりはまるでコンニャク問答のような有様であり、当時の新左翼運動の活動家の絶叫調の、まるで何を話しているのかさっぱり分からない自己陶酔型の演説が癖として身についていたため、検察側の指摘に対しての揚げ足取り的な反論と勝手な主張を繰り返すというやり取りに終始してしまっていた。

検察「故なく、皇居に侵入し、……」

「故なく、とはどういう意味か、私たちは故あって皇居に入ったのだ……」

といった感じであり、儀門弁護士が危惧した通り、裁判の争点に天皇責任や天皇制を問うといった命題に入ることもできなかったし、裁判の様子を取り上げるマスコミもなかった。

しかしながら、儀門弁護士一人で始まった弁護団も、第一回の公判を迎える頃には、支援組織の必死のオルグもあって、何と四〇名もの弁護士が参加してくれた。弁護士会の重鎮も参加を申し出てくれた。後年、日本弁護士会の会長に就任した沖縄出身の伊波真吉弁護士などである。また、支援する会の呼びかけに応えて、著名人や文化人が支援に積極的に乗り出してくれた。羽仁五郎、荒畑寒村、そして沖縄出身者としては比嘉春潮などである。

＊判決

途中で分離裁判となり私たちのもとを去った少年Aには、一九七二年三月に懲役二年六ヵ月執行猶予三年の判決が下りていた。私たちの裁判は、一九七二年五月二九日から公判が開始され、判決は一九七五年三月二五日に言い渡しがあった。

「主文、被告人を懲役三年に処す。尚、この裁判が確定した日から四年間、その刑の執行を猶予する」

私が願っていた執行猶予付きの判決であった。警察庁長官以下関係者にも処分が与えられ、一連の皇居突入「坂下門騒乱事件」の幕は下りた。

私自身の経験や沖縄を焦土化した戦争責任など、沖縄に対する昭和天皇の責任追及、そして天皇制そのものの是非を問う裁判闘争、その場で天皇に対しての謝罪要求や沖縄の正義を求めるという目的は、デモや集会だけの従来の運動における画期的な焦点にはならず、遥か彼方に飛んでしまい、膨大な労力と資金を費やす結果になってしまい、かえって沖青委の弱体化を加速化させてしまった。

しかし、儀門弁護士の懸命な努力のおかげで、執行猶予が付いたことには今でも心から感謝している。

＊皇居突入闘争に続いた沖青同国会爆竹事件

この事件に続き、分裂したもう一つの沖縄青年同盟（沖青同）は、一九七一年一〇月の沖縄国会で爆竹を鳴らすという行動を起こし、佐藤首相の「沖縄返還に関する演説の最中に、傍聴席の前列の左端、つづいて右端から爆竹の音とともに「沖縄返還粉砕」と叫び、ビラをまいた。ビラに書かれていた文言は、「すべての在日沖縄人よ、団結して決起せよ。沖縄は明治以来、ドレイ的な扱いをされてきた。沖縄返還協定は、沖縄を併合しようとするものである。いまこそ勇気を持って立ち上がれ。祖国への幻想を捨てよ。解放への道は、日本大和への反逆と米帝との闘いである」と、記されていた。

この事件は、裁判の中身ではなく、別な意味で注目を集めた。彼らは沖縄弁（ウチナーグチ）を使って裁判に臨んだ。当然、彼らのウチナーグチを理解できる法廷関係者は皆無だった。

彼らは、「日本の国家権力（裁判所）が『日本の論理』の強制として、日本語を私たちに押しつけることに対しての根拠の反動性を徹底的に暴露し、同化を拒否し、ウチナーグチを支配者にたたきつける。私たちは沖縄の文化の正当性をより広く主張するためにも、本公判でウチナーグチをつかうことを宣言する。全ての沖縄人は、団結して決起せよ」と叫んだ。

「ぬーんち うちなーぐち ちかてーならんがー」（何で沖縄語を使っていないのか）

「うちなーや にほんどやらがやー」（沖縄は日本ではない）

ウチナーグチが「日本の法廷」で初めて使われたある意味歴史的な裁判でもあった。ウチナーグチを使うもう一つの意味が、消えゆく「琉球語」の存在を訴える戦いでもあった。

第5章　衰退していく新左翼運動

＊内ゲバの恐ろしさ

一九七二年の五月には、アメリカ軍基地は、そのまま残されてしまったものの、沖縄は本土復帰を果たした。一九七三年には、ベトナム戦争も終結し、新左翼運動は、その過激さと内ゲバの繰返しにより、国民からの支持もなくなり、しだいに各セクトの体制否定と無秩序な暴力行為を繰り返すようになり、過激派小集団に分裂してテロ行為を繰り返すことになる。

私たちが引き起こした坂下門騒乱事件では、起訴されてから判決が言い渡される四年間は、私も沖縄青年委員会の委員長として前線に立ち組織を引っ張ったが、その間に起きていたのは、左翼内の権力闘争と右翼による襲撃など、右を見ても左を見ても、途切れのない衝撃的な流血の連続であった。

一九七四年一月一四日、沖青委「坂下門騒乱事件」の裁判費用支援並びに人的支援の依頼のため、中核派が農林年金会館で主催した「被抑圧階級統一戦線準備会」の集会に参加した。集会が終わり、各グループが引き上げを開始、私たちの沖青委は最後尾で会場の二階から引き上げた。階段の途中にさしかかった時、一階で中核派のヘルメットを被った集団と、鉄パイプを手にマスクをした数十人が罵声を出して乱闘している光景が目に入った。

咄嗟に「革マル派の襲撃」と判断して、急ぎ二階の会場に引き返し、隣室で開かれていた「破防法弁護団会議」の中核派書記長の本多延嘉とガード役の防衛隊（一〇名）を別室に誘導してドアを閉めた。

その後は追ってきた革マル派の鉄パイプ集団に、ドアを背にして素手で対抗していたが、そのうち頭を集中的に攻撃され、「本多さんは無事だ」という声を聞きながら意識を失った。結局、私が病院で気がついた時には、一週間の時が過ぎていた。

私が負った傷は、頭蓋骨と両手骨折の重傷だった。意識が回復した私に知らされたのは、襲撃を受けたその日に父幸喜が亡くなったとの知らせだった。享年七三歳、もちろん、沖縄へ帰ることはできなかった。私は、父が自分の命と引き換えに私の命をまもったのだと実感していた。

この事件から一年後の一九七五年三月一四日、革マル派が放った刺客によって本多延嘉が命を落とした。彼の死（暗殺）は、六〇年安保闘争の最中に黒田寛一と本多延嘉が共同で始めた日本の新左翼による革命運動の成長を止めた歴史的な事件であった。

私の心には、本多延嘉との特別な思い出がある。一九七一年三月、破防法の個人適用を受けた本多が小菅拘置所から仮釈放されると、私は空手の腕を見込まれて二か月間、本多のボディーガード役を仰せつかり寝食を共にした。表向きはガードだが、本音としては、これから始まる沖縄闘争のリーダー育成のための英才教育（本多学校）を受けることにあった。

本多は飲むとしばしば、美空ひばりの「越後獅子の唄」を歌った。西条八十作詞のその歌詞には、

「今日も今日とて　親方さんに　芸がまずいと　叱られて　バチでぶたれて　空見上げれば　泣いているよな　昼の月」

越後獅子は、貧農の子供の口減らしのため、越後の長岡から売られた子供の道中行脚でもあったが、本多は「俺はね、このひばりの歌を小菅拘置所で聞いた時、本土に捨てられ孤児となった沖縄と重なり合ってね、本土人として涙が止まらなかった」とつぶやいた。

古い日本を棄て去り、新生日本の革命運動の先頭に立っている本多が美空ひばりの大ファンであるという思いもかけない一面を見ると共に、本多との会話の中で、革命運動に関わる私自身の中に「負の部分」として封印してきた右派的内面を考えさせられた。というのも、姉は職業軍人の父の影響を受け、知らない軍歌は無かったばかりか、美空ひばりや三橋美智也などの歌謡曲を歌わせれば抜群の歌唱力を発揮していつも歌っていた。戦前戦中（ヤマト世）、戦後（アメリカ世）沖縄を生き抜いてきた親兄弟の生きざまの部分を持ち合わせながら、自分も生きていかなければならないのだ、という思いに至り、やっと長年の暗渠から抜け出ることができたという思いをもつことができた。

＊新左翼に対抗した学生右翼

この頃は、新左翼潰しのため、学生右翼の活動も活発化する。特に、私は皇居突入を意図した首謀者として、右翼による襲撃リストのトップに名前が載ることとなった。

今でこそ、中堅どころの一般大学のイメージが定着している国士舘大学は、玄洋社の流れを組む右翼の青年大民團の思想を広める教育機関として一九一七年に柴田徳次郎が創設、そのＤＮＡは国家主義である。その当時は、国士舘大学でも体育会系の学生が、新左翼に対する対極として利用されていた。

一九七五年二月一一日の建国記念日当日、「国士舘大学民主化」の桑田博グループと共に、新宿西口広場で開かれた、一部の国士舘大学生による「在日朝鮮学校襲撃事件抗議集会」に参加したが、その際、現場で同郷人であり、「国場秀男轢殺事件」で共に戦った屋我地朝憲から、「コーマツ、狙われているから注意しろ」と耳打ちされた。屋我地朝憲は、柔道の技量で国士舘大学にスカウトされ入学していた。

その日の夕方、集会から南灯寮に帰るため、小田急線喜多見駅の改札口を出たところで、私と副書記長の平安座嗣、上地完哲（関西沖縄青年委員会メンバー）それに大阪大正区生まれの沖縄二世の四名は、短い木刀を手にした国士舘グループ七～八名による襲撃を受けた。この襲撃事件による骨折などの後遺症は重く、激しい頭痛のため、前線での陣頭指揮は取れないとの思いが強くなったが、私自身は、委員長として多くの課題を抱えていた。

日常生活でも公安から目をつけられるようになり、メンバーに対しての監視も強くなり、彼らも引っ越しをしたり、バイトができないなど経済的な負担がのしかかってきた。

私は、怪我の後遺症に悩まされながら、七五年三月に裁判の判決が出たのを区切りに、運動から身を引くことを考え、後始末を始めた。裁判費用を調達するために作った事業化組織「砂川商隊（一二一事業部隊）」の解散と資金清算処理、メンバーの生活支援、大学復学へのオルグ、中核派との関係処理、後継指導部への引き継ぎなどの作業を終え、完全に組織から離脱し終えたのは一九八〇年だった。

＊学生運動からの離脱

沖縄ではエイサーの観客や踊手の盛り上げ役であり、旗振りや隊列の先導、調整役をするピエロ的存在が京太郎（チョンダラー）であるが、私もまさに沖縄の新左翼運動のチョンダラーそのものであった。

百面相道化師、京太郎（チョンダラー）

新左翼運動は、川の流れと同じく川幅の変化や途中に存在した岩などの影響によって、いくつもの変化が起きていた。沖縄の正義を目指すという私たちの運動も、その目的は流れの中でともすればあいまいになり、過激な闘争手段が目的化していた。手段を目的化した活動は、必ず副作用が生じる。まして、手段を目的化した政治運動は、必ず行き詰まる。私たちの坂下門騒乱事件も、私が掲げていた目標、昭和天皇の戦争責任を法廷闘争によって糾弾するという考え方を理解できない仲間は、一端手を挙げたものの櫛の歯が欠けるように、その手をひっこめた。

私が指導した沖縄青年委員会も、その後の活動目標がなくなり、不満をもらすメンバーが出てきた。不満メンバーの中から、沖縄出身者で新たな組織を模索し「沖縄の解放は、沖縄人自身による」を掲げた新たな過激組織「沖縄解放同盟準備会」が誕生した。

　そして、この沖縄解放同盟準備会のメンバーが、本土の新左翼組織と組んで、戦後初めて、殺傷力を持つ武器を使用しての、皇室に対するテロ行為を沖縄で行った。世にいう「ひめゆりの塔事件」である。

＊沖縄解放同盟が起こした「ひめゆりの塔事件」

　ひめゆりの塔事件とは、一九七五年七月一七日に、沖縄解放同盟準備会が本土の新左翼セクトと起こした、天皇（当時皇太子）ご夫妻に対し、沖縄県のひめゆりの塔慰霊碑にて火炎瓶を投擲した事件である。

　まだこの年には、後に明らかになる「天皇メッセージ」を知る県民はいなかったが、昭和天皇が終戦をもう少し早く受け入れていれば、二〇万人の犠牲者を生んだ悲惨な事態は防げたのではないかという思いが残っており、県民は天皇に対して複雑な気持ちを持っていたし、なお且つ昭和天皇も終戦後、沖縄だけには一度たりとも行幸されることはなかった。

　こうした思いは、私たちが起こした坂下門事件と同類の思いが動機にはあるものの、その手段はまるで違っていた。このより過激なテロ行為に走った背景には、この頃本土では新左翼運動そのものがことごとく潰され、セクト間の争いも大きくなり、動員力もなくなった状況がある。こうしたことで運動の手段が限られるようになり、「窮鼠猫を噛む」のたとえではないが、行動の手段がより過激的な方法へと移っていった。

この皇太子の沖縄訪問は、本土復帰後に開催された沖縄国際海洋博覧会への臨席と共に、糸満市にあるひめゆりの塔に献花するというのが訪問の趣旨であった。本土でも新左翼の各セクトが皇太子の沖縄訪問反対運動を展開する。当然、警察庁も警衛警護の対策を強化、沖縄県警でも本土から二五〇〇名の応援派遣を受け入れ、総勢三八〇〇名という空前の警備体制を敷いた。

私たちから分離した沖縄解放同盟（沖解同）のメンバーは、天皇の沖縄訪問が七月一七日との報道を耳にすると、急遽沖縄に結集し、本土の左翼グループ、自治労沖縄などの労働組合と共同で、戦争記念碑や公共施設の壁にペンキで「皇太子は来るな」と書きまくり、連日デモを敢行し、大学構内あるいは街頭でのアジ演説を行い、自分たちのモチベーションを高めていた。

実行の指揮を執ったリーダーの池宮城隆は、私を訪ねてきて、

「どうしても皇太子の沖縄訪問を見過ごすことはできない」

「沖縄の怨念をぶつけるチャンスが目の前にある」

「沖縄に帰って、沖縄闘争の更なる起爆剤となりたい」などと言った。

この「沖縄闘争の更なる起爆剤」という真意が、火炎瓶での皇太子襲撃とは当時の私には微塵も想像出来なかった。皇太子の沖縄訪問が決定した日、皇居裁判支援活動の強化会議の席上で、当時坂下門騒乱事件の救援対策本部長に付いていた池宮城から、「皇太子の沖縄訪問反対の具体的な阻止闘争をやるべきである」との発言が出ていた。

私はそのとき、「具体的な阻止闘争とは、天狗山作戦をなぞった皇室関係の建物、もしくは子天

狗に対する直接行動などをイメージしているのだと思うが、子天狗まで戦線を広げる戦略は考えていない。気持ちはわかるが、今は、天皇に謝罪を求めるために起こした裁判に集中することである」として反対の立場をとった。

私の危惧は、皇太子に対しての直接行動が何かは分からなかったが、彼らの話しぶりから、皇居突入より過激な行動を志向していることは分かった。しかし万が一、皇太子に怪我を負わせたり、それ以上の可能性も無いわけではない。そのような事態が起きてしまえば、昭和天皇の沖縄に対する戦争責任を問うという目的も吹き飛び、私たちが成そうとする行動の意義そのものを自らか消滅させてしまうことになる。それだけ、皇太子の戦略的役割は大きい。テロまがいの行為では、昭和天皇の責任は糾弾出来ないということである。

私たちが起こした皇居に突入するという行動は、非国民と言われてしまうほどの騒動を引き起こした。事件後は連日のように、公安刑事やマスコミが押し寄せ、両親や兄弟の写真を寄こせとか、沖縄に居たときは、学生運動はどの程度やっていたのか等々、マスコミの執拗な取材は、自身の家族に留まらず、親戚筋までにも迷惑をかけてしまった。

池宮城と会話を交わす中で、彼のただならぬ雰囲気を感じた私は、

「それと最近ブンドと付き合っているようだが、どういう目的かわからないが、やめた方がいい。彼らは最後には必ず逃げるから注意した方がいい。何せ、すぐに分派活動する個人商店のようなもので、ノリがいい分、頭の切り換えも早い」

「何故、裁判が継続できているか、分かっているだろう」

「忠告するが、何か事をおこすときには、沖縄単独でできるような戦略戦術まず考えてヤマトと組め」と、アドバイスした。

この会話を最後に、池宮城隆は裁判の救援対策本部長を辞め、池宮城と知名グループは私たちの組織から去っていった。

私は、このひめゆり事件を東京のニュースで知り、その時、初めて池宮城の意図を理解したが、手段としての火炎瓶を特定の人間をターゲットとして投げつける行為は、私たちの運動スタイルではないと、今でも鮮明に記憶している。

ひめゆり事件の実行現場として、彼らは二か所準備していた。

ひめゆりの塔の慰霊碑と皇太子の車列が通る道筋にある白銀病院である。

ひめゆり学徒隊の悲劇は、多くの国民が知っている話ではあるが、実際に現地を訪れてみると、その悲惨さは今でも胸を打つものがある。ひめゆり学徒隊は、沖縄戦当時、沖縄師範学校女子部・沖縄県立第一高等女学校生徒二二二人による看護のための女子学徒隊である。

ひめゆりは学徒隊員の母校、沖縄県立第一高等女学校の校誌名「乙姫」と沖縄師範学校女子部の校誌名「白百合」を組み合わせた言葉である。

学徒隊は兵士と共に転戦をおこなうが、すでに医薬品や食糧も底をつき、部隊は解散命令を受ける。この後、壕より脱出する直前に米軍のガス弾が打ち込まれ、兵士や学徒の多くが死亡した。ひめゆり学徒隊に参加した女学生は二二二名、うち一二三名が犠牲となった。ひめゆり学徒隊が、これほど大きな犠牲を伴ったのには理由がある。

　アメリカ軍のバクナー中将が、日本側の牛島司令官に降伏勧告状を送ったのが一八日。この時点でひめゆり学徒隊の死亡者は一一名であった。しかし、牛島司令官はこれを拒否し大本営と第一〇方面軍宛に訣別電報を送って六月二三日に自決する。そのバクナー中将自身も日本軍の砲撃によって一八日の当日に戦死した。

　この一八日以降、バクナー中将戦死の報復としてアメリカ軍は住民に対しても見境のない攻撃を加え、解散命令の出ていたひめゆり学徒隊は、現在のひめゆりの塔が建つ下の陸軍第三外科壕内で多くが最期を遂げた。

　ひめゆりの塔は、この壕の上に建てられている。慰霊碑、納骨堂、そしてその真ん中に、ひめゆり学徒隊がアメリカ軍によって毒ガスをまかれ多数の死者を出した洞窟がある。

ひめゆり学徒隊

　彼らは、襲撃のメイン場所として、この壕に忍んで完遂させる計画を立案した。また、もう一つ現場を用意した。糸満市にある白銀病院である。そこは糸満警察署に近い旧国道三三一号線に沿った糸満市の入口に面した総合病院で、壕での前段闘争として、共産主義者同盟（戦旗派）の活動家河島純一が、病気を偽装した患者として、沖解同の大城博文が付添人を装って入院し、皇太子の乗った車列を襲撃する計画を立てた。

七月一七日の正午頃、病院の下を通過する皇太子の車両に三階西側のベランダから「皇太子帰れ、天皇制反対」などと叫びながらガラス瓶やスパナ、石などを投擲し、警備車両を破損させた。二人は公務執行妨害の現行犯で逮捕された。

この計画は、池宮城隆が新規に立ち上げた沖解同の存在を過激な直接行動によってアピールするためであり、共闘の呼びかけに、本土のブント系の共産同戦旗派が応じたのだ。

実行犯が二、三年服役する間、裁判の支援活動で運動を広げるというのが行動計画の幹であったが、一歩間違えば皇太子の殺害という事態にもなりかねない行為でもあった。

この裁判を軸に運動を広げるという方法論は、私たちが坂下門事件で採用した手段と同じである。一応、大義名分として、「一五年戦争における大日本帝国による侵略・植民地主義弾劾」「沖縄戦における日本軍による住民虐殺弾劾」及び「戦争犯罪人・ヒロヒトおよび、その代理人である皇太子を糾弾する」を掲げていた。池宮城隆は皇居裁判闘争に加わりながら、独自に天皇沖縄闘争の更なる燃え上がりを心の中で考え、「二の矢」を放つチャンスをうかがっていた。

＊ひめゆりの塔事件の詳細

ひめゆりの壕での襲撃には、沖解同の知名功と、共産同戦旗派の本土の活動家大野貢が壕に潜むことになった。知名ら二名は、皇太子訪問の一週間前に洞窟に入った。一週間、悲劇が起きた暗い洞窟の中に潜むという行為には常人では考えられない。

その薄暗い壕で、ひたすら皇太子の到着を待っていた。

知名ら二人は、持っていたラジオの実況中継で白銀病院での投擲を確認し、午後一時五分頃に皇太子の到着と知ると、壕に梯子を架けて地上に這い出した。そして、皇太子夫妻が献花され、慰霊碑に頭を下げられた瞬間に火炎瓶を投擲し、更には爆竹二本を投げつけた。

火炎瓶は献花台に直撃して炎上したが、美智子妃が警察官に庇われて地面に倒れた際に打撲傷を負った以外は、大きな怪我はなかった。火炎瓶は点火式でなく、ガソリンと硫酸が混じると爆発発火する触発式のものだった。その後、皇太子夫妻は事件の発生に動揺する警備担当者を処分しないように関係者に依頼し、スケジュールを予定通りこなされた。その夜に皇太子は次のようなスピーチを発した。

「私たちは沖縄の苦難の歴史を思い、沖縄戦における県民の傷跡を深く省み、平和への願いを未来につなぎ、共々に力をあわせて努力していきたいと思います。払われた尊い犠牲は、一時の行為や言葉によってあがなえるものではなく、人々が長い年月をかけて、これを記憶し、一人ひとり、深い内省の中にあって、この地に心を寄せ続けていくことをおいて考えられません」

警備にあたっていた沖縄県警警備陣は火炎瓶に驚き任務放棄して逃げ散ってしまい、両殿下を退避させてかばったのは皇宮警察のわずか一八名だけだった（『菊のご紋章と火炎瓶』文春文庫。佐々淳行）。

警察庁から警備責任者として派遣されていた警備局警備課長は、ひめゆりの塔の訪問に先立ち、地下壕内の安全確認を主張したものの、沖縄県警察本部担当者や県知事の屋良らに「聖域に土足で入るのは県民感情を逆なでする」と反対されたために実施できなかった。

この沖縄県警の警備の甘さも、事件を未然に防げなかった要因でもある。

皇太子からの警備関係者への処罰を行わないようにとの依頼はあったが、沖縄県警本部長は減給処分を科され、警備責任者である警察庁警備局警備課長は、その後警備課長を解任される。警備の総責任者である、県知事の屋良には何のおとがめもなかった。

日本中が、この事件を憤ったものの、沖縄の世論では、知名らに対して、よくやったという感情をもった県民や沖縄県警の内部にすら、犯行への共感を示す者がいた。

それだけ、沖縄の持つ天皇への「恨みの感情」が複雑だった。

第Ⅳ部　グローバル人材育成の未来

第1章　県民感情の変化

＊皇室と天皇に対する沖縄県民の感情

このひめゆりの塔事件は、結果的に沖縄県民が持つ天皇に対する恨みの感情を大きく変える契機となった。事件の前からマスコミ等により沖縄の不穏な気配は十分に伝えられていたが、その危険を顧みず慰霊に沖縄を訪れ、戦没者に祈りを捧げられた行為は、県民の心にあった恨みの塊を少しずつ溶かしていった。また、沖縄と同じく玉砕の島となった、サイパンやパラオなどに慰霊の旅をされ、常に寄り添う美智子妃の人気もあり、県民の皇室に対する感情は極めて良好なものとなった。

皇太子が沖縄に慰霊に来られたことは、昭和天皇に向けて、沖縄が求めていた謝罪要求を、皇太子が名代となり、なおかつ不穏な空気が漂っていた沖縄に自身の危険を顧みず訪問した事実を前に、これ以上、昭和天皇の戦争責任を問う世論は急速に無くなっていった。

知名ら二人は「礼拝所不敬罪」並びに「火炎瓶処罰法」違反の現行犯で逮捕され、懲役二年六ヵ月の実刑を受ける。さすがに執行猶予はつかなかった。

知名の服役中、日本赤軍が、バングラディッシュのダッカ空港で、日本航空機をハイジャックし、日本で服役している九人の同志の釈放と身代金を要求する事件が起き、この釈放を求められた同志の中に知名が入っていた。

超法規的措置でテロリストを解放した日本政府は、知名にも事件を知らせ、出国の意志を尋ねた。しかし、知名は刑務官に「出国の意志はない。日本赤軍には政治的・思想的な一致点は一切ない」「沖縄解放の闘いは沖縄を拠点に沖縄人自身が闘うべきものである」と、返答し出国を拒否した。

それを聞いた時、私は本土の誘惑を断ち切った知名に、「連帯を求めず、かつ孤立を恐れず、力及ばずして倒れることを辞さないが、力尽くさずして挫けることを拒否する」という沖縄人として徒手空拳の道を進む覚悟を感じ取った。

裁判で、知名らが問われたのは、礼拝所不敬と火炎瓶使用の罪である。病院から物を投げた河島らふたりの罪状も公務執行妨害だけだった。私たちが起こした坂下門事件と同様、天皇制にまつわる問題などは、全く裁判では取り上げられなかった。

戦前の天皇に対する反逆行為は死刑となったが、ひめゆりの塔事件は執行猶予こそ付かなかったが、最高でも二年六ヵ月の懲役刑でしかなかった。

昭和天皇の戦争責任を問うこと、そして裁判の支援活動を通して沖縄解放同盟に対するシンパと運動を広げる計画であったが、裁判では、その行為そのもののみが裁かれ、坂下門事件と同様、天皇制が裁判のテーマになることはなかった。裁判は私たちが起こした坂下門騒乱事件と同じ経緯をたどり、本土でも沖縄でも、支援運動が広がることはなかった。ひめゆりの塔事件裁判の傍聴には数人の同志しか来なかった。訴訟費用の工面にも苦労し、費用の一部は知名らの家族にも請求が行われた。

更に、同志は徐々に四散し、時代は新左翼の暴力を認めず、直接行動という手段は徐々に行き詰まっていった。

知名らが沖解同の存在を誇示するために起こした更なる過激行動は、逆に皇室に対する複雑な沖縄感情の溶解剤ともなり新左翼運動そのものも徐々に衰退していくことになった。

沖縄が行動した最後の事件が、一九八七年に開催された沖縄国民体育大会のソフトボール会場に掲げられた「日の丸焼き捨て事件」であろう。犯行を行った花城昌一に対する裁判は、有罪になったものの執行猶予がついた軽微なものであった。

特筆すべきは、判決文に「沖縄県における日章旗に対する強い拒否反応とそれを強制しようとする国家権力に対する反発は理解できるとしても、それに対するこのような示威行為は社会的に是認されるものとはいえず、正当化できるものではない」との心情を理解できるとのコメントがあったことである。判決は軽かったが、右翼による花城に対する報復攻撃は凄まじいものがあった。花城が経営していた商店は放火され、集団自決の犠牲者鎮魂の「平和の像」が破壊された。現場には「国旗燃ヤス村ニ平和ワ早スギル天誅ヲ下ス」との犯行文が残されていた。

こうした経緯のもと、沖縄の新左翼運動のセクトは、知名らの服役中に事実上消滅し、沖縄の新左翼の系譜は表舞台から消えていった。

＊日本の公安の凄さと綿密さ

日本赤軍が起こしたダッカ事件において、日本赤軍が条件とした知名の釈放要求だが、結果は前述した通り、知名は自らその要求を拒否した。沖解同と日本赤軍は、その方向性も闘争の目標も異なっており、火炎瓶を皇室に向けたという手段の過激さを捉えて、日本赤軍は同志と思い込んだと思われるが、根っこも枝も日本赤軍とは異なっていた。

知名が日本赤軍の求めに応じて出国してしまえば、沖解同は日本赤軍と同類とみられてしまう。それを懸念したこのプランの立案者、池宮城隆は危惧を抱き、連日のように知名に接見したことにより、知名はなんとか踏みとどまった。坂下門騒乱事件、ひめゆりの塔事件は現場で実行したメンバーのみの逮捕で幕引きとなった。

戦後の日本の国体（天皇制）をかけた極東裁判で、天皇の戦争責任は不問に付された。今また、沖縄出身者が組織したちっぽけなセクトごときに「天皇の戦争責任や天皇制をかき回してほしくない。国家権力にとって、お前たちの行動や声などは大した意味を持たないのだ」ということを見せつけられたような感じであった。

さすがに火炎瓶を使ったひめゆりの塔事件は実刑となったものの、坂下門騒乱事件は、弁護団の尽力が大ではあるが、私としては執行猶予付きの判決は意外な喜びであった。

今にして思えば、皇太子に火炎瓶を投げるという驚愕の事件が、私たちの事件より先に起きていたならば、新左翼運動に対する締め付けは強くなっていっただろう。

国家権力は、私たちの行動を無視にかかったが、「日の丸焼き捨て事件」同様、右翼の組織は黙っていなかった。沖縄では拉致され、東京では襲撃を受け重傷を負った。私が生き延びたのは幸運であった。

私と同様、知名も大学を中退。刑務所を出所後、看板屋や古書店など職を転々としたが、テロリストのレッテルを貼られた知名には、公安刑事の監視の目が常に光っており、知名の人生にまとわりつき大きな重しとなっていた。

一方、白銀病院でスパナを投げ付けた河島純一は、知名より少ない刑期の懲役一年六ヵ月の実刑を受けたが、二〇一〇年九月、名護市議選に社民党の推薦を受けて立候補。米軍基地の移設反対を徹底すると訴えて当選した。沖縄タイムスは、選挙後には、河島を称えるような論調で次のような記事を掲載した。

「新人の河島さん（五五）は、二七番目最後の議席に滑り込んだ。熊本生まれ鹿児島出身。地縁・血縁はなかったが、一貫して基地建設反対を訴えた。『名護市は生まれ変わる。稲嶺市政を支えて基地問題を解決したい』と意欲を示した」

河島の当選を称えた沖縄タイムス以外の沖縄のメディアも、ひめゆり事件を記事にすることはなかった。今でも、河島はひめゆりの塔事件を語り、名護市議会議員となって沖縄の地に根付き、沖縄にこだわりを持ち闘い続けている。

また、沖解同の裏の実力者の池宮城隆は、この事件を機に新左翼運動から身を引いた。池宮城は、那覇高校から官費留学生として広島大学に入学、六九年一月の東大安田講堂攻防戦で沖縄出身者として参加して逮捕された。しかし司法試験の勉強に励み、五〇代で司法試験に合格。弁護士となって沖縄で開業している。

後年、池宮城とある堅気の仕事で一緒になり、話す機会があった。その時、当時の様子や池宮城の心情を聞いたところ、次のような言葉が返ってきた。

「何でひめゆりをやったの」との問いに対し、

「成仏仕切ってない乙女達の火の魂をぶつけ、天皇裁判と合わせた皇太子裁判のサンドイッチ戦略を考えていた。天皇から受けた沖縄の傷の深さをアピールするには、ひめゆりのガマ（洞窟）は最高のステージだった」

「前にコーマツに言われた忠告がよくわかったよ。パートナーのブンドは逃げるし、最初の戦術から仲違いするし。彼らは、火炎瓶を皇太子に直接当てる戦術方針を頑固に主張した」

「知名や俺は、皇太子に怪我をさせなくとも目的を十分に達成できると主張して反対した。その妥協策として、白銀病院側はブンドが主導し、ひめゆりガマの方は、沖縄側の役割になった」

「知名は火炎瓶を、皇太子を避け、献花台の手前に投げたんだ」

「そのあとのダッカ事件で、彼らブンドグループは赤軍と共に中東に合流をすすめるし、知名を始め、我々のひめゆり事件は沖縄に残ってやるから意味があるわけで、断ったら裏切り呼ばわりされて、仲間割れだよ。ヤマトとは組めないと思ったね」

「自分が弁護士なったのは、東大裁判や皇居裁判の救援部長、ひめゆり裁判をやっているうちに、今までのような暴力を用いたやり方ではなく、ブルジョア民主主義の法の使い方と戦い方に習熟し、弱者の救援に立ち向かう専門家の必要性を感じたからさ」

池宮城は子供の頃から秀才として名を馳せ、ウチナーグチを使うことは無かったが、弁護士として沖縄に戻ってからはウチナーグチの弁護士として有名となり、私に対してウチナーグチでこう言い放った。

「コーマツ、イチマデン　ヤマトンチュカイウセラーツティー　ナランド」

「ウヤネーテンワラビヤスダッシュンド」

標準語にすると「いつまでもヤマトンチュに押さえつけられてはいけない」

「抵抗する意地を見せつける必要がある」

「親はいなくとも子供は育つさ」

私は、ヤマトに翻弄され続けてきた沖縄の無念をウチナーグチで語る池宮城の苦しみと争いの六道で、苦悶をにじませる横顔の中に、一瞬、苦悶とは異なる阿修羅像の優しい少年のような紅顔、眉根を寄せ愁いを含んだ魅力的な柔和な表情が浮かんだ瞬間を感じとった。

池宮城も、私たちと同様、沖縄の苦労をその一身に背負っていた。

＊それぞれのその後

新左翼運動に身を投じたきっかけやその後の人生も様々である。私の新左翼活動の原点でもある「海邦研究会」を共に立ち上げ、初代委員長に就任した津島一雄と副委員長格の仲間功は、その後、私と袂を分かち沖縄青年同盟を結成する。

そこでも津島は委員長を務め、筋金入りの活動家として沖縄の正義を求め続けた。組織としての沖青同は二年余りで消滅するが、津島は「無為」を探求する「諸学の基礎は哲学にあり」として私大の東洋哲学科に復学し、沖縄に戻って沖縄空手を普及させるため「津島流松林道場一派」を開き、若者の発掘に当たっている。「沖縄はまだマグマを出しきってない」と額の深いシワに怒りをたぎらせながら、未練を残し、チャンスを窺う生き方を今なおしている。

一方、仲間功は沖縄の独特な風景、人の表情を日本とアジアと比較紹介する映像・文化批評家として、かつまた沖縄独立論でもない沖縄独自論を展開する稀有な文化人として独特のポジションを築いている。仲間が、昨今の改憲案にみられる右派的傾向にたいするアンチテーゼとしての問題提起本『琉球共和社会憲法の潜勢力』（川満信一との共著、未来社）などを出版するなど、今も沖縄の個性にこだわった生き方をしている。

新左翼運動の経験は彼らの人生にどのように影響を与えたのかは百人百様であり、時代との遭遇戦と捉えているか否かもそれぞれである。

新左翼運動に関わった学生の多くは左翼主義者というより、左翼思想とは無関係のノンポリ学生であった。彼らは新左翼運動の風が収まると同時に、潮が引くように市民社会へと戻っていった。

＊同志の復学支援

私にとっての最後の仕事が同志の大学復学に対する支援であった。

彼らは、正式に退学届けを提出して学生運動を行っていた訳ではなく、授業に出席せず授業料の未納によって大学当局より除籍処分の勧告を受けていた者、また実際に除籍処分を受けたメンバーだった。彼らは、個別に大学の事務局と相談し、授業料、場合によっては入学金を再度収め、改めて授業に出席することで大学を卒業することは可能であった。

また、復学にあたっての交渉先がもう一つあった。それはメンバーの両親、家族だ。親からすれば、高い入学金や授業料を工面したあげく、肝心な子供が勉強に背を向け、学生運動にうつつを抜かしていたという事実を許すことは出来ないという感情、更に再度授業料を納める必要があるという現実を受け入れられないというものであった。

そのため、親御さんには就職の内定が決まったが、就職条件が大卒のため、何としても復学の必要があると言ったり、結婚話が持ち上がっているが、相手の条件が大卒を求めているとか、考えられる理由をぶつけて説得した。

一番効果のあった説得の言葉は「現実はブルジョワの社会、落ちこぼれた革命家が生きていく場所はありません」「大学を出ていないと就職もおぼつかなくなるし、大学を出ないと社会のスタートラインにも立てなくなります」などと訴えていった。

復学に必要な資金も沖青委の残存資金を充てて支援した。最終的には約八割のメンバーが復学してキャンパスに復帰していった。

事件終結後の私の最大で最も力を入れた仕事でもあった。

＊私自身のその後

私は、大学中退後も坂下門事件の後始末などで沖青委に関わってはいたが、新左翼運動がより過激になり、セクトどうし、またセクト内での内ゲバで、世の中からは政治運動とは見なされなくなり、職業革命家（職革）を断念した私自身、身の振り方をどうするかが最大の問題になっていた。

私自身は、明大に復学しなかったため、就職するには経歴的にも一般の企業が私を採用するとは思えなかった。

沖青委のリーダーとして、組織の運営に携わった経験や人脈を何とか活かしたいと考えると共に、いかなる形であれ、これまで逃げずに社会の本質、正義を見つめ続けて歩んできた人生だ。これからも、たとえ微力であっても社会の一隅を照らす光となれるように、第二の人生でも掴み取ろうと改めて心に刻んだ。

私は青春を学生運動に費やしたが、その時の経験は決して大学の授業では学べないものであったし、その時の人とのつながりは今の貴重な財産でもある。学生運動に激しいエネルギーを注いだ分、私自身の社会復帰にも時間がかかった。

その頃、既に結婚し子供も二人生まれていた私にとって、働くにあたっての最大の問題が、子供を預かってくれる保育所などの施設であった。それを助けてくれたのが、既成の保育にとらわれない、親と子が一緒に遊びながら親子関係を築いていく「保育所の無い青空保育」であった。

私は、同じ悩みを持つ親同士で青空保育をしていたグループに合流した。きっちりした組織で運営するとすれば許認可等の問題もあるので、同好会的な仕組みとし、親から受け取る会費で保育士の資格を持つ専従者をお願いし、後は親同士持ち回りのボランティアで子供の面倒をみた。代々木公園や駒沢公園などを活用し、この青空保育は今でも続いている。

更に家族が一人増え、私たち夫婦は、この持ち回りの世話役を行うことで、仲間の親子との遊びを通して、世間との関わり方を改めて身に着け、自身の社会復帰のリハビリテーションにもなった。

そうこうしているうちに、ベトナム支援を目的に、「ベトナム枯葉剤被害研究会」が一九九〇年八月に東京の市ヶ谷にある私学会館（現アルカディア市ヶ谷）で開かれた。そこに参加したとき、一九七〇年前後、日本で資金調達の活動をしていた南ベトナム解放戦線支援アジア委員会（ＳＦＡ）のビェン・フゥー（解放戦線戦士）から、ベトナム復興支援を依頼され、それが縁となってベトナムへ日本の中古商品（農機具、空調機器、オートバイなどを扱う）を送るハンナン（海南）社の設立に参加することになった。五〇ccのホンダカブに特化した中古オートバイの回収というビジネスモデルは大成功を収め、沖縄出身者が独占するコミュニティに成長した。

一〇年前に新宿でヤンバルそばを経営する又従兄の東江高純などと共同企画し、わずか五〇人規模の同好会として始まった新宿エイサー祭りは、いまや外国人も参加し、年間一〇〇万人の観客を動員する一大イベントまで成長している。祭りを構成する運営者と演舞者は、本土の各地区エイサークラブで、ほとんどが本土で活躍しているウチナンチューである。

ビートのきいた沖縄三味線と太鼓に誘われたカチャシー（乱舞踊り）、日本人、外国人、老若男女の観客を誘い込み、さながら国際社会のあるべき未来の「人類融和の形」を彷彿させるのに十分な空間を新宿通りで出現させている。

異文化を取り込んでいく日本人の能力と沖縄の先輩達が営々と築いてきた「文化力」が混じり合う十字路を作り出すと共に、「故郷忘じがたし」の感覚を蘇らせてくれている。

二〇一三年には、沖縄の美しく広がる海と空を活かし、「沖縄に新たな飛行機産業を興す」を合言葉に、地域性にマッチした軽飛行機の開発・製造・スカイ・スポーツ分野として軽飛行機を沖縄県の新たな観光アクティビティとしてＰＲし、観光立国として更なる付加価値の提供、観光客の更なる誘致を狙いとして、株式会社沖縄海上飛行機開発を設立した。

周りを海に囲まれている沖縄では、海上に離発着できる水上飛行機が不可欠であるが、従来の水上機の最大の課題として上げられるのが、離発着で使用されるフロートである。水上飛行機は浮力を機体以外の部分で得る関係上、小型・中型飛行機にほぼ限られ、波の高い海上では運用ができないことにある。

そのため、高耐波性を持たせ、海洋などの波のある水域での運用を可能にすることである。今では海洋などの塩分を含む環境で運用するために耐腐食性を持たせるフロートの開発から始め、さまざまな分野の方々の協力と研究成果の集積によって、試作機を作りあげ、滑走試験をするまでになった。

滑走試験は、沖縄県スポーツ航空連盟会長で航空局公認インストラクターの安次嶺勉氏によって実施され、コンピューターシミュレーション通りの効果が確認でき、開発目標を達成することができた。

島トンボ2号

技術的目標に対して、耐波性向上：機体長の1／5の水面で離着水可能との目標に対し、シミュレーション検証で波長10m波高1mでの着水が可能なことを確認した。また、高速滑走試験で安定した走行を確認した。試験での最大波高は目測で約50㎝であった。

艇体は安定していてポーポイズ（滑走に伴い、機体の頭が上下運動を起こしてしまう現象）の兆候も起きず、高速での安定走行を確認することができた。

今後は、このフロートを量産化し、島嶼《とうしょ》国である東南アジアなどに販売をしたいと考えている。

この飛行機は島トンボ2号と命名され、既に開発済の1号機の性能を上回る高度三〇〇〇メートル、燃料タンクの問題も残るが、現状では航続距離一〇〇〇キロを誇っている。

　本土のスカイスポーツクラブやパイロット養成機関との提携も行っている。

　沖縄の空を闊歩する米軍機と自衛隊機に伍して、私たちの航空機「島とんぼ」（ブランド名）が滑空する姿、そして沖縄発の飛行機が沖縄の空を制する時代を感じている。

＊沖縄左翼の変貌

二〇一七年五月一五日は、沖縄が本土復帰して四五年目の節目の年となった。沖縄の新左翼運動は、一九八〇年代には、沖縄出身者で立ち上げた組織は、ほとんど消滅した。

　沖縄の左翼運動家や革新政党は、過激派の暴力を使っての運動では、結果は何一つ求められないことを悟ることになった。以降、沖縄の革新運動は、新左翼組織が手段とした「加害的訴求」から「被害的訴求」に軸足を移していく。

　人々は、思想にだけ従うのではなく人格にも従う。革命家は優れた人間性、高い道徳規範を兼ね備えた人格者でなければならない。

「明治維新は、欧米等の開国圧力に対する統治能力を失い、国内の混乱に対しても無策の無能な徳川幕府に代わり、薩摩長州などの若く有能な志士が立ち上がり、明治維新という改革を成し遂げた」とされているが、その実態はアヘン戦争で大儲けした、ユダヤ系のロスチャイルド家のジャーディン・マセソン商会による支援により、日本の生糸など交易を独占したいイギリスによる日本の植民地化であり、イギリスに躍らせられた薩摩藩や長州藩の下級武士と倒幕派の公家によるクーデターと考えるのが現実的な歴史の見方である。

しかし、彼ら志士の気概と行動力、そして「この人だから信じられる」と思わせる魅力が、明治維新を成し遂げたのである。

私たちの新左翼運動で当時論理的支えとなっていた、「資本主義」は堕落し衰退するという左翼の論理的基盤は、日本が高度経済成長に入り経済大国となったという事実と一九九一年のソ連の崩壊によって、左翼の論理は根本から崩れていくことになった。

革命的なマルクス・レーニン主義者を標榜し、ソ連共産党に対するスターリン批判勢力として誕生した「新左翼」は、一九六〇年から始まった安保・沖縄闘争というカオスの中に反逆を目指した「変革児」として時代を駆け抜けていった。

＊実利へ舵を切った沖縄の運動

一九七〇年代に掲げたスローガン、「本土復帰」「ベトナム戦争反対」「アメリカ軍基地撤去」の各闘争目標も、沖縄に残ったのはアメリカ軍基地返還闘争のみとなった。

基地経済に依存せざるを得ない沖縄経済にとって、今の沖縄の左翼運動は、残された最後のスローガン「アメリカ軍基地返還」を最大限に活用し、表面上は革新が反対し保守が取り成し、振興予算の増額というステージに反対運動の本質をすり替えている。

新左翼運動の限界を目の当たりにした既成の左翼組織の最大の目標は、いかに基地被害を過大化させ、被害者としての補償である迷惑料の最大化出来るかである。

沖縄の「新左翼運動」は、労働組合が主体となった反対運動に引き継がれることとなり、その行動を沖縄のメディアがサポートする構図を作り上げた。そもそも返還される対象の沖縄最大のアメリカ軍施設北部訓練場は、沖縄にとっては最も返還してほしくない基地である。沖縄北部の国頭村と東村にあるヤンバルの森であって、開発の出来ないところである。従って、訓練場の賃料をもらい続けることが絶対必要であり、返還されないために、返還条件である代替のヘリパッド建設に反対している。もし返還された場合、北部訓練場の過半（約三九八七ヘクタール）地域が沖縄に帰ってくることになり、建前として沖縄の基地負担の軽減につながる。しかし、本音では絶対に返還してほしくない基地である。なぜなら北部訓練場の存在により、受けている地代などは年間約四億円にも上っている。

しかし、反対派の執拗な妨害運動も実らず、ヘリパットの建設は予定通り進展し、二〇一六年一二月二二日の北部訓練場の一部返還式典に翁長前知事は出席の意向を示した。アメリカ軍基地の返還をその第一義に掲げていた翁長前知事にとって、返還は喜ぶべき事柄であり、一〇月の菅官房長官との面談では、歓迎の意向を表明したが、反対派に諭され自身の発言を撤回、建前は返還、本音は返すなとのギャップが良く分かる行動であった。

ヘリポートが出来上がるまでは反対していたデモ隊も潮が引くように「武装解除」してしまい、現実は、不安そうに取り残された農民の姿がかろうじて反対運動の次への繋がりを作っている。

アメリカ軍基地返還闘争は、逆説的な意味において、返還されないことが前提の闘争であり、反対と容認の慣性モーメントの運動を繰り返している。現実に危険が存在する普天間基地にデモ隊が押し寄せることはない。その反対運動の主役は、官公労退職者中心の市民団体である反対運動の集団、沖縄平和運動センターであり、唯一、直接的実行部隊としての役割を負っている。

特に辺野古における基地反対闘争は、それぞれの思いで参加する市民運動として根づいてきている。「基地の島」の風土に覆われた基地反対運動が、復帰後の沖縄のあたかも文化のようなものになりつつある。

沖縄の革新政党は、本土では存在意義を失ってしまった社民党。沖縄人民党の牙を抜いた共産党。そして、飲み屋の雑談でしかない沖縄独立を目指す「かりゆしクラブ」、保守から革新に衣替えした「社会大衆党」などである。

これまでは、アメリカ軍基地反対を訴える革新系、基地を容認の保守系に別れて民意を争い、その見返りに政府に対して振興予算の増額を求め、県知事も両陣営から交互に当選するというような状況を復帰後は続けてきた。

もともと、中央政府は琉球処分として沖縄を日本に取り込んだ時代から、旧慣温存策として、琉球の旧支配階級である王族と上級士族の反発を回避することを狙って、人頭税などの典型的な悪法を残し、当時の特権階級におもねる政策をとった。この旧慣温存策こそが、沖縄の近代化を大きく遅らせた要因とも言われているが、現代でも振興予算は公務員を含む一部の既得権者層（建設業者・軍用地主）により厚く配分され、反対派を抑えるために、金をばらまく政府の政策は、昔も今も変わっていない。

＊金のなる木「アメリカ軍基地」

こうして、アメリカ軍基地は、利権の既得権者にとって「金のなる木」「打出の小槌」となった。沖縄の二大メディア「琉球新報」「沖縄タイムス」による辺野古基地建設反対報道が、より一層、アメリカ軍基地返還闘争に箔をつけている。

沖縄の革新運動の最大の誤りは、県民に寄り添えないことである。保守と革新がそれぞれの役を演じて、獲得した振興予算の分配を既得権益者に手厚く分配するのではなく、沖縄が自ら生まれ変わるという自己変革のために未来を見据えた予算の処置が行われない限り、沖縄の経済はいつになっても自立しないし、子供の学力の向上、県民所得の向上、失業率の改善、貯蓄率の向上など夢のまた夢である。

今ある沖縄の現状が、本来県民の幸せを目指す革新勢力と言われている政党や組合、そして市民運動家などが向いている方向が、実際には県民の幸せ・沖縄の未来へ向いてなかった結果であり、真の革新勢力は存在しないと言われている証左なのである。

あの時代、新左翼運動でエネルギーを消費していた世代も、県や民間で様々な組織の中心を担っている。そして、彼らはどのような実体をもつのか、何を担うのか。それはこれからの政治的な大きな命題である。当時の新左翼運動に少し似ていると思わせたのが、SEALDs（シールズ：Students Emergency Action for Liberal Democracy - s）の出現であった。

彼らは新左翼運動とはスタイルを異にし、ゲバ棒もヘルメットも被らず、安保法案反対運動を行った。首都圏のキリスト教系の大学生らが中心メンバーである。彼らは得意のインターネットなどを活用し、ラップ調の音楽に合わせて、「戦争しないと決めた」「憲法違反の法律いらない」「戦争する国絶対反対」「安倍は辞めろ」などのシュプレヒコールをひたすら繰り返すものであり、新左翼の暴力的な運動とは明らかに違うものである。

かつての新左翼運動に参加した若者たちの多くは、基本的に「共産主義的体制の方が資本主義体制より優れているのではないか」という考えを持ち、マルクスやレーニンの主張がその運動の根底にあった。

安全保障関連法反対から一転し、SEALDsは沖縄にも進出。辺野古移設反対を宣言し、デモにも参加した。

この若者たちは、七〇年代に奮起した世代の殆どが自分たちの行動を封印し、市民社会の歯車として帰結してしまっている現状に一矢報いたいと決起した行動であったし、同様な動きは、台湾や香港の若者なども同様で、民主化を求めて立ち上がっていた。

何故、学生が変革の先頭に立つのか？　原則として、学生という立場は勤労による納税や家族の扶養など、社会を構築する責任基盤から一歩引いた特権的ポジションに置かれているからであり、更には、政治問題の本質を鋭くとらえる感性と知力、そして比較的に時間的余裕と体力を持っているからである。彼らは闘いのその後に待っている、逮捕・起訴・受刑といった「民主主義的報復」を考慮しない。ここが、学生運動の強さであり同時に弱さでもある。

しかしながら、学生運動を侮ってはいけない。彼らの勇気を侮ってはいけない。学生の社会を思う行動は、その時代を写す鏡でもあるからだ。孔子曰く「後生畏《こうせいおそ》るべし」なのだ。
但し、民主主義の基本原則の通り、選挙で民意を問うことが正論である。

＊沖縄復帰運動を経験した沖縄の原点

ネットやＳＮＳが発展している現代でも「沖縄の門中」（門中とは一族、親戚という意味）という血のつながりによる、現状維持をもって良しとする決定権を覆せない。門中は選挙における集票マシーンの役割を果たしている。このことが、沖縄が自己変革しない要因でもある。

その面では、新左翼運動も闘争目標が具体化していた時代でも浸透しなかった。本来沖縄は、その歴史からも民族上からも左翼運動が活性化する様々な要素を内包している。県民の幸せに寄り添った思考を備えた運動を行える政治家や団体が存在すれば、今の沖縄問題の多くは解決が可能であり、その出現に期待を賭けたい。

いま、沖縄に必要なリーダーは、「真理は神」と哲学を持ったガンジーのような政治家かもしれない。ガンジーは「裸とはだし」の清貧生活スタイルで、貧困に喘ぐインド人民の無抵抗運動を指導し、英国の植民地支配から独立に導いた。ガンジーは単なる理想家ではなかった。地に足を付けたリアリストでもあった。

時の流れは、二七年間の長きにわたり沖縄の自由を求めアメリカ植民地支配に抵抗したウチナンチューの誇りをも消し去ろうとしているのが今の現状である。沖縄が被ってきた悲劇は沖縄自らが変わることによってのみ成し遂げられる。当然と言えば当然である。沖縄の自立と幸福を大きな期待をもって将来を見守っていきたい。

＊四〇年経って右翼との対談

最後に、沖縄出身という同じ土壌でありながら、その立場を違え、左翼と右翼という両極端の主義を主張して闘争し合ったいわば恩讐の同志であり、私と同じ沖縄出身で、国士舘大学に進み、私たちと対立した宮城則之と対談した際の回顧録を記したいと思う。

あの当時の時代背景はなんであったのかなど、一九七〇年をはさんで激突したそれぞれの主張を改めて整理してみたい。

＊　　＊

山城　沖縄というキーワードを中心に据えると、沖縄はヤマトに征服され、先の戦争で本土防衛の捨石にされたという歴史から、日本の右翼の核心である天皇制に対して、当時の沖縄で右翼思想を持つ学生は私の周りでは、ほとんど存在していませんでした。

従って、特に沖縄の場合、右翼と左翼という言葉は単に相対的な対立勢力として使われていたと見るのが正解に近いのではないでしょうか。

宮城　沖縄の右翼は本土の任侠を貴ぶヤクザ精神が、山口組等の本土系ヤクザの進出に伴い輸入されたことにより、沖縄の暴力団組織が右翼思想を叫ぶようになったと思います。

ヤクザ＝右翼ではありませんし、もちろん右翼＝ヤクザでもありませんが、傾向としてはそのような感覚で良いと思います。従って、当時の沖縄の学生で右翼思想を唱える者は、おっしゃる通りほとんどおりません。

私の場合は、体育系枠で大学に進学してから、右翼思想に触れたというのが本音です。

山城　沖縄はアメリカ軍による占領と本土復帰をめぐる被害者意識が根底にあり、その被抑圧民族としての沖縄人のあり方が、当時の世界の潮流としてあった左翼運動の勢いと合流したのが沖縄新左翼運動の始まりでした。私の場合も共産主義やマルクス、レーニン、毛沢東の思想が正しいと思って、新左翼運動に飛び込んだ訳ではありません。

あくまでも沖縄の自立や沖縄の幸福がその時の動機でした。しかしながら、沖縄の新左翼運動は、あっという間に本土の新左翼活動に乗っ取られてしまいました。私たちは沖縄の問題の解決に本土の支援は必要とは思っていましたが、沖縄問題の解決はあくまでも沖縄の人間でやるんだという考え方でしたが、ひめゆり事件もそうですが、闘争の企画そのものを本土の活動家に利用されてしまうという場面がほとんどでしたね。

宮城　左翼思想のロジック、反権力・階級制打破・共産主義による平等性などは、理念としてはわかりやすく、左翼思想を得意げに話す文人はたくさんいましたが、右翼思想は、国粋主義や皇国史観を是とした保守思想、まぁ、一言で言えば、社会秩序を順守する思想です。右翼思想は社会の在り方によってぶれるのが当たり前ですから、その意味でも左翼と論争すると言い負けることが多かったと記憶しています。私たちの存在意義は、世界の左翼の大きな流れにのって、日本に革命を起こそうとする新左翼運動を潰すことが右翼学生の運動の目的となっていました。

従って、その主張は言論ではなく暴力を持って顕示されるのが当たり前でしたから、右翼の学生に向けられていた当時の目は、暴力団を見る目と同じでしたね。新宿の歌舞伎町で仲間と飲みに行ったときに、本物のヤクザから挨拶されました。

山城　沖縄問題を脇においても、当時の学生の思想観として、左翼は正義、右翼は悪でした。左翼思想はインテリが持つべき思想といった雰囲気がありました。左翼思想を紹介したり礼賛したりする書物は沢山ありました。

宮城　右翼が悪といった雰囲気は、ヤクザと結びついていると思われていること、それと街宣右翼の存在です。江戸時代のヤクザのような任侠的精神を失い、暴力をバックに法律にそむいたり、街宣車を使い大音量でヘイトスピーチを行っている姿は、どう見ても一般市民の共感が得られるとは思いませんね。

山城　当時は、右翼対左翼の構図の中で戦いましたが、今は同じ時代を共に闘った戦友のような感じがします。時代が新左翼運動をある意味後押ししていましたが、実際にデモや集会に参加したり、セクトに入ってゲバ棒を振るったりという学生は少数派でした。

その中で、自分達の信念に基づいて戦った仲間として、右翼の旗のもと行動した人達とも胸襟を開いて話せる時代になりました。

人間として本気で戦った事実は左も右もありません。その意味で自分たちが信じる理想のために闘ったという点では、左翼も右翼も同じでした。

宮城　そうですね。当時の新左翼活動家との戦いは厳しかったです。今では懐かしい思い出になりましたが、当時は本当に命がけでした。

七〇年を挟んで、新左翼運動は絶頂期で新左翼の活動家も大勢いましたが、私たち右翼学生は、大学を横断しての活動というより、単に学校などから公認された民族系クラブのようなもので、数的には圧倒的に不利でした。それが当初はゲバ棒等で武装した新左翼学生と素手で渡り合いました。いくら体育系で体力的優位性があっても数の力には敵わず、負傷者も大勢出しました。

その結果、新左翼の学生運動家と同じ、ヘルメットを被り、タオルで覆面して手には鉄パイプや棍棒を持つようになりました。

山城　右翼の学生達の個々の身体能力には敵わなかったですね。そしてなおかつ、気合の入り方が違いました。時代は少しズレますが、社会党の浅沼稲次郎を刺殺したのも右翼の高校生でしたし、戦前の五・一五事件、二・二六事件などの暗殺事件は右翼の青年将校が起こしました。右翼の人達の目の光は半端ではなかったですね。特に、衝撃を受けたのは三島由紀夫事件でした。三島に殉死した森田必勝は二五歳の若さで、信念に基づいて散っていきました。覚悟を感じましたね。

宮城　私たちのような学生右翼は、思想的な学生団体ももちろん存在し、新左翼運動が示した大義に対抗した論理の構成も行っていましたが、新左翼の対抗軸として存在した側面が強く、新左翼運動が内ゲバで自滅していく中で、私たちの運動もフェードアウトしていきました。

今、もう一度当時に戻ってやれと言われても出来ないですね。それだけ過酷な体験でした。

山城　私の場合、昭和天皇の戦争責任追及と共に沖縄の自立解放を目指しましたが、今の沖縄の左翼運動は補助金等の振興予算の確保の手段としての運動になっています。

アメリカ海兵隊が演習地として使用している、北部演習場は、普天間飛行場の一五倍の面積約七八・三三平方キロという広大な区域を持っていますが、この約半分を返還することで日米が合意しました。アメリカ軍基地が返還されると分かって慌てているのが、基地返還をスローガンとして闘争している反対派ですね。

沖縄の軍用地の賃料は、地主の自己申告に基づく帳簿を基に支払いが行われていますが、中には帳簿と実際が合わない土地も少なからず存在すると言われています。軍用地が返還されればその矛盾が表に出てしまいます。基地返還に建前上反対はできないので、反対のテーマを、ヘリパット建設反対に置いて苦しまぎれな運動を行っています。

極めて分かりやすい構図になってしまいました。この訓練場があることによって支払いを受けている賃借料は年間四億円以上です。利用しようのないジャングルに対する対価です。沖縄の自立を目指した私たちの運動とは根本的に異なりますね。

立場は違いましたが、改めて話が伺えて良かったです。今後の活躍を期待しております。

＊時の経過と今

「私の一番長い日」一九七一年九月二五日から今年で五〇年近い年月が経過した。私が、昭和天皇に対しての謝罪要求などの直接行動を起こした七〇年代に徒花《あだばな》のごとく咲き、一瞬のうちに散っていった学生主体の新左翼運動も今は遠い彼方の出来事として世間からは忘れ去られている。

本稿を執筆中に、渋谷騒乱事件で、火炎瓶により警備の警察官を殺害したとして、中核派の活動家「大阪正明」が四〇年の時を経て逮捕された。この事件の共犯者として、星野文昭が冤罪とも言われながら四〇年近くも拘留されている。

ある意味、権力の持つ報復の誇示である。また、過激テロ組織「東アジア反日武装戦線」が起こした連続企業爆破事件のリーダー格であった大道寺将司死刑囚が二〇一七年五月二四日、東京拘置所で病死するなど、時代の変遷を感じる出来事が相次いでいる。

私が沖縄の正義を求めた対象としての昭和天皇も、一九八九年一月七日に崩御され、昭和天皇の戦争責任を求める声も、今はほとんど聞くことが出来ない。同時に一九七〇年代、沖縄・安保闘争激化の中に、本土の新左翼党派の手を借りて身を投じていった沖縄の青年達の「冒険物語」も、日本いや沖縄の近過去から、はたまた隊列を共に闘った新左翼のノスタルジーの中からも消えかかっている。

私たちが世の中を変革し、沖縄の正義を求めた七〇年代は、今や色あせ、旬を過ぎた花を見たくないように誰もが沖縄を忘れたふりをし、沖縄の正義は「経済的利害」へと変節してしまった。

太平洋戦争後のアメリカ統治下においても、また、返還後の日本政府からの予算の引き出し方においても、歴史に培われた沖縄の巧みな交渉術により、地政学的な課題、基地の担保化、様々な要素を織り交ぜた取引によって、他県には存在しない経済的優位性を引き出している。

第3章　沖縄の目指すべき方向の議論

＊沖縄に投下され続けている迷惑料（補助金）

日本政府は、沖縄に対して過去の贖罪とアメリカ軍の基地迷惑料として、振興予算や酒税やガソリン等にかかる税の減免、公共事業における他県より高い補助率を与えて国税の投入を続けてきた。

これまで一〇兆円を超えると言われている各種補助金・優遇策を得ても、経済的自立が出来ない沖縄に大きな課題が存在する。（詳細は拙著『沖縄を蝕む「補助金中毒」の真実』。宝島社新書）

「米軍基地が無くなること大いに結構」「それでは、同時に無くなる経済的な問題をどうするのか」

「沖縄と同じ構図が、カリブ海北東に位置する米自治領プエルトリコで起こった」

プエルトリコが二〇一五年八月に、デフォルトに認定された。債務総額は約九兆円である。原油を輸入に頼るプエルトリコにとって、財政破綻の要因の一つが原油高だ。そして、もう一つが、二〇〇三年に米海軍基地を追い出したことによるアメリカの優遇税制の廃止である。因果関係をはっきりとは証明できないが、基地関連収入の喪失もその一因とも言われている。

沖縄の経済的自立と米軍基地問題とは表裏一体であり、米軍基地の反対運動を行っている、所謂左派と称されている人達の欠点は、米軍基地反対の先にある沖縄の経済的自立を具体的な手段方法論として語らない、いや語れないことである。

今まで、投下された、それらの補助金は沖縄全体を潤すことは無く、県民所得は常に最下位のグループに置かれたまま、反面、補助金の分配の偏在化により、所得金額一〇〇〇万円超の割合は、驚くことに全国一〇位で、福岡県や栃木県、群馬県、岐阜県などより多く、一〇〇〇人当たり四六・五人となっている。

全体では低い県民所得だが、著しく金持ちの存在も多いことが良く分かる。沖縄は、超格差社会なのである。（出典、都道府県格付け研究所）

「戦争を知らない子供達」として生まれてきた私の子供時代には、沖縄では、戦争の爪痕がなお色濃く残っており、県民は不公平な世の中で懸命に命をつないできた。

「本土格差」「アメリカ軍基地」「本土復帰」「七〇年、日米安保」「ベトナム戦争」など、問題が山積していた。沖縄の形骸化していた既成組織による左翼運動に対して、私は一石を投じたかったという思いが強かった。

当時は、左翼思想ではないが、ドラッカーの『断絶の時代』がベストセラーとなり、社会と文明において根源的な変化、すなわち断絶が起こりつつあることなどが予言され、それまでの継続の時代を断ち切り、二〇世紀の後半を形づくる可能性が大きい、新しい現実が生まれるとの「文章」などがもてはやされた。

今の学生が、漫画に熱中するように、当時の普通の学生でも、国家に反逆する反国家精神などを良く議論していた。当時の思想的リーダーである高橋和己や柴田翔などの小説をむさぼるように読んでいた。音楽の流行りも、過去に存在しなかったエレキギターや、歌謡曲に代わるフォークソングが反戦歌として、歌われていた。世の中は、まさに、過去とのつながりが断絶した時代であり、行動を起こせば何かが変わるのではないかと、その時代が思わせたのである。

新左翼の運動は、はしかの流行のように伝播したが、内ゲバによる粛清が、その活動の自己目的のようになり、またたく間に世の中からの共感は消滅していった。

私の人生の中の、ほんの一ページにしか過ぎないが、七〇年代の青春時代に「日本が変わるのでは」「日本を変えることが出来るのでは」と思わせた激動の一〇年に遭遇し、沖縄の祖国復帰運動の一端に参加できて、生きることの意義や人生を考える機会を得たことによろこびを感じている。

新左翼運動に青春のエネルギーを注いだ若者も、今や、高齢者世代の仲間入りをした。すでに鬼籍に入った者もいるし、かつて左翼、右翼であった人たちも市民社会へ復帰していった。日本の新左翼活動家も保守へ衣替えして成功者となった者も多い。

著名人では、信州大学全共闘の委員長を務めた元東京都前知事の猪瀬直樹。演出家、プロデューサー、タレントと多彩な才能を発揮しているテリー伊藤は、日本大学の全共闘に参加していた。政治家では、民主党で官房長官を務めた仙谷由人。自民党でも、塩崎恭久らがいる。

また、右派の評論家として、切れの良い論調を展開する西部邁は、ブントに所属。全学連中央執行委員として六〇年の安保闘争を指導した。今では、新左翼運動そのものが、世の中からの支持を失い「赤」から「緑」といった、環境主義運動や消費者運動へと軸足を移す者も多い。

私と共に、新左翼運動に青春のエネルギーを注いだ沖縄の仲間たちも、今や、県の内外で、それぞれ思い思いに活躍している。県の役人として重責を担っている者、マスコミの分野で活躍している者、弁護士や税理士として成功を収めている者など様々である。

沖縄が革命の火薬庫として燃え上っていたあの時代、新左翼運動に関わった若者は、沖縄が抱えている言い様のない焦燥感にかられ、今ここで自分たちが立ち上がらなければ、この先もずっと基地の島として日本の中で、被差別と貧困の県としての立ち位置から一歩も動けないであろうとの思いであった。

あの時代から五〇年近く経った現在も、未だに「基地の島」沖縄として位置付けられ、私たちが基地反対を叫んだその「基地の城下町の補償」として受け取る、各種補助金によって沖縄県の経済が成り立っている。

＊沖縄が叫ぶ犠牲の補償と正義

これまで、識者たちのローカルな議論では天皇の戦争責任がテーマになることはあっても、実際に公然と天皇の戦争責任が議論されたことはなかった。しかし、私たち沖縄の多くの学生は、沖縄を悲劇の島とした沖縄戦、そして、そこから続く米国統治による苦しみなど、昭和天皇は、その責任を免れることは出来ないとのスタンスをとっていた今では、沖縄県民の多くが天皇及び皇室に好意的な感覚を持っているが、当時の感情は今とは大きく異なっていた。

沖縄に対する振興予算補助金の類は、沖縄に対する戦後補償の一面も併せ持っている。琉球の時代の薩摩支配から始まり、戦前戦後の筆舌に尽くしがたい差別と犠牲の上に沖縄の歴史は成り立っている。沖縄の様々な振興策や補助金は、アメリカ軍基地に対する迷惑料ではあるが、歴史が叫んでいる犠牲の補償でもある。

沖縄県民は、堂々と振興予算を領収すればよいのであり、問題はその振興予算を既得権益者（公務員、軍用地主、建設業者）で分配している使途にあるのだ。この「天皇責任」に対する思いや、私たちが行動を起こそうと決意した一九七一年は、沖縄はまだ米軍統治下にあり「沖縄返還」は県民の願いであった。

また米軍が起こす犯罪や基地被害も多く「米軍基地撤去」なども県民の大きな関心事であった。更には本土の人達による「沖縄差別」など、いまなお解決されない数多くの「沖縄問題」が存在していた。「沖縄青年委員会」の結成目的は、この沖縄問題を正すことであった。

＊日本の敗戦処理から生み出された沖縄

現在の北朝鮮問題、北方領土問題、沖縄問題、台湾問題、中国の南アジア問題の生み出す原型は全て日本が天皇制を残すというマッカーサーの敗戦処理の戦略から生まれたものであると言っても、過言ではない。そして日本の再建に翻弄された当事者である沖縄は、いまだに問題を引きずっている。

敗戦後、復帰運動に対する施政権返還における日米の駆け引き、基地を残した沖縄の本土復帰、すべては天皇制の維持と日米安保協定に基づくアメリカの対共産圏政策に関連した日米の合作である。

基地の危険性を補填していくもう一方の裏側には、経済的な援助によってバランスを取ろうとしているのが日米の基地政策である。

その象徴的な動きが辺野古基地建設問題である。そこには日米に加え、力をつけてきた沖縄の利権集団が暗躍している。その沖縄のリーダーとして権力を掌握しているのが、翁長前知事を含めての歴代の沖縄県知事である。沖縄の歴史が沖縄世論をして、基地反対に傾くのは当然の動きとして日米両政府が容認している。

従って、日米からの補助金が継続されている間は、今以上の抵抗運動は起こらない。日米の指導者が恐れるのは、補助金そのものの使われ方に世論が動いた時、そのあまりにも大きい利権と不公平さと格差問題で沖縄世論が沸騰してしまうことは政治的な不安定さを増幅させることになる。

予算というものは、使う目的で組み立てるのである。沖縄の場合は、与えられることが始めにあり、そのため沖縄は本気になって自立に向かって動きだすことは無い、と日米両政府は沖縄の本質を見通している。沖縄が、基地反対闘争と予算獲得闘争が一体となった動きをしている間は、日米政府にとっては安心である。

天皇に火炎瓶を投げ付けるほどの思いを抱えている県民は、いまや皆無であり、左翼運動を継続している組織や市民団体は、その目的を変えてしまった。沖縄は、過去の悲惨な歴史のもとで巧みな交渉術によって生きながらえてきた。

私たちが行動した新左翼運動はその表層のほんの一部に過ぎなかった。また、二〇一六年のアメリカ大統領選挙で、一貫して泡沫候補と揶揄されていたドナルド・トランプが当選した。トランプは、日米安全保障条約に対し、「アメリカが攻撃されても日本は何もしないが、日本が攻撃されたらアメリカは駆けつけなければならず、不公平だ」「日本は米軍の駐留経費を全額負担せよ。払わなければ、米軍撤退も辞さない」と言っている。駐留経費の実態は、在日米軍経費全体の七四・五％に達しているが、トランプは一〇〇％の負担を要求した。トランプの恫喝があってもアメリカ軍の撤退の可能性は限りなくゼロである。

アメリカにとって、台頭する中国に対する太平洋地域の安定もその理由の一つであるが、そもそも、トランプはビジネスマンであり、意思決定の判断基準はマネーでしかない。

彼の支持基盤の一つに軍需産業がある。軍需産業にとって、戦争が起きれば必ず需要が起きるが、必ずしも起きる必要はない。戦争の危機を常に煽る必要がある。中東の紛争地域の拡大とか、南シナ海や東シナ海の紛争の現実化などを演出させることである。それが、軍需産業と複合化したアメリカの宿命なのである。それ故に、沖縄のアメリカ軍基地が無くなる可能性は極めて薄い。このことは北朝鮮が核ミサイルを日本の上空に飛ばし続けている現実をみれば明かである。

＊四〇年の歳月を要した公安からの解放

私が「公安の天皇犯罪対策課」から解放されたのは、つい七年前の二〇一一年の一月七日（崩御日）であった。昭和天皇は私たちが皇居突入という行動を起こしてから一八年後の一九八九年に崩御した。それから二二年経ってやっと監視対象から放免された。天皇を狙ったことで特別班を作ったプロジェクトを「事件後四〇年経過したので解散した」と告げられた。公安刑事が私の会社を訪れ、丁寧に説明してくれたのが印象的であった。戦後の沖縄に大きな影響を与えた昭和天皇は、決して象徴のカテゴリーにきっちりと収まっていた訳ではなかった。

二〇一一年の一月七日はもがき苦しんだ苦闘の記憶を胸に秘めての新たな旅立ちの日であった。

＊「グローバル人材の育成」への挑戦

沖縄の将来に対する優越性は他県と異なる県民人口に占める若者の多さである。日本の将来の担い手が減少している中、沖縄は若者の比率が高い。これからの沖縄の未来は、彼らにかかっている。自立に向かって子供の教育費支援のために補助金の一部を使い、教育費や海外留学などを制度化し、コドモアイランド構想を進め、将来人口を二〇〇万まで増やすことを目指すべきである。

アメリカ軍基地の迷惑料として、様々な補助金や助成金、税率の優遇、恵まれた振興予算がある。既得権益者に対して優先的に割り当てていた配分を、若者に優先的に再配分しなおすことが必要である。振興予算の使途を、若者の教育や子育て等に大きく舵を切ることが出来るか否かが、今後の沖縄の将来を決するカギである。そのための手段は、私たちが行った直接行動ではなく、当たり前であるが「選挙」であり、沖縄の未来を託せる政党、人物の正しい選択である。沖縄の所得の低さ、貧困率の要因は極めて明確である。

未来を担う若者への投資を怠り、振興予算の配分を公務員給与や土木関連企業に手厚くしてきた結果である。教育無償化、保育待機児童ゼロ化、那覇空港の整備事業に寄与出来る人材の育成を目的とした沖縄高専の学部新設など学問と実学を併せ持った教育の実施。希望者には高専から大学三年への編入の仕組み、更には若者の起業に対する積極的なインキュベーション（有望未来事業への創業・起業支援）の推進、ベンチャー企業への投資の仕組み造りが不可欠である。返還後四五年たっても、本土資本は一度たりとも沖縄に本格的な投資をしようとはしないが、それは補助金と投資はその性格が全く異なるものだからである。

本土の特に建設土木関連の企業は、沖縄に投下された補助金を回収するためにダミー的な会社を設立しても、沖縄に根を張った企業活動をしようとはしない。これからも基地の迷惑料の支払いは継続しても、稼げる沖縄作りのための日本本土の資本は期待できない。

沖縄の未来は人材の育成にあるが、本土復帰四五年間の総括として、単に本土との人脈づくりだけでは何も見えてこない。

東アジアの貿易国家としての人脈作りを戦略的に行うべきである。台湾の戦後の国づくりを見習うべきであり、アメリカ、中国、ヨーロッパに留学生を送り、人脈を構築してきた。アメリカも中国も、台湾問題で対立しながらも、台湾人脈を活用して投資ファンドを動かしている。中国は台湾を通してアメリカと通じており、アメリカと中国の貿易の比率にみるアメリカの貿易赤字の意味を正しく理解することである。即ち、米中貿易を通して、アメリカが中国の国力増強の手助けを意識的に行っている事実があり、アメリカの国債の最大の引き受け手も中国である。

沖縄振興に絶対的に欠けていた思想は、沖縄の若者の将来と沖縄の将来をリンクさせての議論がなされてこなかったことである。学力や進学率の低さ、失業率や所得の低さのみにフォーカスをあて、その要因を曖昧にし、型通りの対策に終始してきた感は否めない。

二〇世紀最大の思想家であるハイデガー言う「未来が過去を決定し、現在を生成する」「過去が今を決めるのではなく、未来というものを置くことによって、過去が意味づけされ、今が決まる」。これらの至言は、沖縄に絶対的にかけている思想であると思う。

例えば沖縄を活性化させる策として、

①米軍支配下におけるフルブライト奨学事業のような制度を復活させ、アメリカへの留学、中国への留学、台湾への留学を戦略的に、一〇年スパンで行うと同時に、日本への留学を希望する世界の学生に対し、沖縄は積極的に門戸を開放し、授業料や生活費等の支援を行い、沖縄をインターナショナル化させ、沖縄の若者たちと交流させることによって彼らの自立心と世界との人脈づくりに寄与すべきである。

②移民のルートを活用し、ハワイ、南米の沖縄で長年築いてきた沖縄人脈を掘り起こし、若者をサポートする仕組みを構築していくこと。

沖縄県人は自分たちをウチナンチュー（沖縄の人）、沖縄県以外の人をヤマトンチューと呼んで区別するアイデンティティを持ち、それだけヤマトとはある意味で異なった出自に由来する歴史や差別され続けてきた裏返しとしての強い誇りを持っている。

被差別的民族は、例えばユダヤ人、バスク地方のカゴ、ロマ（ジプシー）、中近東のクルドなども強い同族意識と団結力を誇っている。

大方の県でも、県人会という名の親睦組織が国内に作られている。しかし、沖縄の県人会は、南米・北米を中心に世界各地に九〇以上の沖縄県人会が組織されており、五年に一度、ウチナンチューのDNAを持つ人々が県の内外から「世界ウチナンチュー大会」として沖縄に集結している。

そのイベントの規模、ざっくりと五〇万人にのぼる。海外からも五〇〇〇人もが集まってくる。

各地で混血を繰り返しながらも、ウチナンチューを形成しているDNAは、故郷忘れ難しとして沖縄への帰省を促し、古巣での親族や旧友、あるいはその血筋との再会を喜び合う大切なイベントとなっている。このような世界ウチナンチュー大会を戦略的に活用し、沖縄の文化芸能や、沖縄空手を沖縄アピールの武器として体系化し、沖縄の誇りとアイデンティティを発信し続けることである。

③沖縄タウンを世界各地に作り出すこと、などの実現化である。

これらの政策は、かつて琉球が海洋国家としてアジアの各地に飛躍し、輝いていた栄光を再び取り戻し、沖縄の文化的な優位性をアジアでも確立させる一助ともなる。沖縄のアドバンテージは日本のアドバンテージにもなる。

中国も「一帯一路」戦略のもとで、ドイツ資本と組み、ヨーロッパまで流通を広げようとしている。間違いなく、アジアはいや、世界は中国を中心に回り始めようとしている。

中国と冊封関係があった歴史を現代に生かし、主従関係ではない新しい「現代版冊封」のシステムの構築が必要である。このままでは、米軍、自衛隊の「基地の城下町」としての繁栄しかみえてこない。

既に沖縄は、アジアの経済活動から孤立した状態におかれている。経済がグローバル化している現代において、二一世紀に相応しい新たな「沖縄世」を構築するには、かつて首里城正殿に掲げられていた万国津梁之鐘《ばんこくしんりょうのかね》を思い起こし、その現代版を創造することが求められているのではないか。

世界のウチナンチュー大会のパレード

一四八五年、琉球王承久は銘文を、次のように刻んだ。

琉球国は南海の勝地にして　三韓の秀をあつめ
大明をもって輔車《ほしゃ》となし　日域をもって唇歯《しんし》となす
この二つの中間にありて　湧出する蓬莱《ほうらい》の島なり。

沖縄が先頭に立ち、日本を中国・アジアにつなぐ水先案内人になる気構えを持つことである。日本は中国の動きを無視しては、アジアの繁栄から孤立するばかりである。沖縄を上手く使って中国と付き合う知恵を学ぶべきである。左派が中国の領土と主張する尖閣列島の所有権を沖縄に移行し、沖縄をクッションにして国家間の争いを避けるとか、大胆な政策の変更を思いきってやったらどうか。

沖縄も琉球処分当時、日清両国によって分割協議がなされ、勝手に切り売りさせられそうになった経験を逆手にとる知恵も求められているのではないか。即ち、理と利を融合させ、相互の利益と相互の国民が納得する理論理屈をお互いに生み出す知恵が求められている。

最後に、日本の敗戦から本土復帰までの二七年間の沖縄返還運動を通して、私たちの怨念の対象となり、心労を煩わせた昭和天皇に哀悼の意を表したい。私たちが、皇居に対して直接行動をもって直訴した沖縄に対する謝罪は一九八八年の年頭に、昭和天皇の次の御製歌が発表された、その詩の中に込められていると感じている

思はざる病となりぬ沖縄を訪ねて果たさんつとめありしを

この歌は、一九七五年の訪米前に沖縄訪問の意向を示していたとの報道がなされている。読売新聞によると「昭和天皇はこの年、九月末からの初訪米が決まっていた。屋良元沖縄県知事の日誌には、(宮内庁)長官の『天皇陛下から私はどうするのだ　アメリカに行く前に(沖縄に)行けないかとの御下問があって困った』昭和天皇はこの訪米時の記者会見以降、沖縄訪問の希望をしばしば口にするようになったが、終生かなわなかった」

昭和天皇の沖縄訪問の気持ちに、訪米の前の訪欧阻止、即ち訪欧の前に沖縄訪問を希望して私た

ちの起こした直接行動が少しでも影響したと思いたい。

なお、平成天皇は、ひめゆりの塔事件に遭われた最初の沖縄訪問から、皇太子時代に五回、天皇に即位された後も沖縄を五回訪問し、二〇一八年三月の最後の訪問を入れ、一一回も慰霊のために沖縄を訪れた。

今では天皇制や天皇に対する強固な反対運動は、平成天皇の沖縄に対する思いが県民に浸透し、共感を得られることはなくなっている。

平成天皇が最後の沖縄訪問を終えたその日の二〇一八年三月二九日、私は靖国神社から内堀通りを歩き、第一生命ビルから正面の二重橋を右に折れ、一般公開されている桜観賞の見物客と共に坂下門をくぐり、初めて皇居に足を踏み入れた。坂下門の正面に立った時、かつて一八六二年の二月、門の外で今か今かと待ち受けていた水戸浪士達が、老中安藤信正を襲撃する情景を見た気がした。

そして、坂下門をくぐり抜けた時、一瞬ではあったが、妙な生臭さと共に、自分の脇をヌンチャクを振りかざし走り抜ける、沖青委とペイントされた白ヘル姿の、宮里、當山、喜久里、少年Aの雄姿が見えたのだ。皇宮護衛官に追われながらも、宮内庁に向かって懸命に走る彼らの後ろ姿は、宮内庁正面玄関階段の赤い絨毯を駆け上っていった。いつしか四五年前の「時代の風」が私の心を吹き抜けた。

昭和天皇の沖縄への謝罪を求め、沖縄の自由を叫び駆け上って行く彼らの後姿を見たとき、天皇制が始まって以来の歴史的事件を起こした場面に遭遇した臨場感を味わった。そして、長い時を経て、やっと昭和天皇と会ったと感じた。

日本のその時その時の都合によって、翻弄され続けた沖縄。その思いを紡《つむ》ぐ「昭和天皇に抗した沖縄青年物語」の締めくくりとして、宮内庁正門の右手に見事な花を咲かせる古木のしだれ桜が、散ることなくじっと私を待っていてくれたと思うと、胸に万感の思いがこみ上げてきたことを記してペンを置きたい。

＊　＊　＊

本稿執筆中の二〇一八年八月八日に翁長雄志氏が逝去された。

自ら保守本流の政治家を自認するも、政府自民党が強引に進める、普天間飛行場の辺野古移設に対し、沖縄県民の心をないがしろにするものとして、移設反対を公約に知事選に立候補し当選された。

沖縄県は、アメリカ軍基地が存在することによる振興予算・補助金で成り立っていることを十分に理解した上での移設反対公約であった。

もともと、日米安保条約に基づき、アメリカ軍が必要とする基地は日本側に提供する義務がある。従って、移設反対の有効手段は実質上無きに等しいが、翁長氏は敢えてその公約実現のために全力を尽くされた信念の人であった。

ここに、深く哀悼の意を表したい。　合掌。

天皇と沖縄　関連年表

1941年12月1日　御前会議にて太平洋戦争の開始を決定
12月8日　真珠湾奇襲攻撃と米英に宣戦布告
1942年6月7日　ミッドウェー海戦敗北（海軍）
1943年2月7日　ソロモン諸島ガダルカナル島戦の敗北（陸軍）
9月　ニューギニア戦線における苦戦から、天皇、敗戦を認識。連合国との講話条件闘争を確認
10月21日　学徒出陣
1944年7月7日　サイパン島玉砕
10月21日　神風特別攻撃隊（特攻隊）初出撃
1945年2月14日　ヤルタ会談「ルーズベルト・チャーチル・スターリン三者によるソ連の対日参戦、戦後の日本領土について合意」
2月14日　近衛、宮中参内し「戦争終結の方途を講ずべきものなり」と言上、昭和天皇は「もう一度、戦果を挙げてからでないと難しい」と戦争継続
3月22日　硫黄島玉砕
3月26日　沖縄戦開始
4月7日　戦艦大和沈没

4月28日　イタリア・ムッツリーニ処刑
4月30日　ドイツ・ヒットラー自殺
6月6日　大田海軍中将「沖縄県民斯ク戦ヘリ 県民ニ対シ後世特別ノ御高配ヲ賜ランコトヲ」打電、13日自決
6月18日　アメリカ軍最高司令官バックナー中将戦死
6月22日　昭和天皇対ソ工作を指示。沖縄・小笠原・樺太を捨て千島は南半部を保有するとし、沖縄を捨てる事を明記
6月23日　牛島司令官自決、沖縄戦終結
7月26日　ポツダム宣言「アメリカ・イギリス・中華民国の名において日本に無条件降伏を求める」
8月6日　広島に原爆投下
8月9日　長崎に原爆投下。ソ連対日参戦
8月15日　終戦「ポツダム宣言受諾。天皇による玉音放送にて敗戦宣言」
8月20日　統治機関「沖縄諮詢会」（後の琉球政府）を米軍が設立
8月28日〜9月5日　ソ連北方4島占領

1947年5月3日　日本国憲法施行。象徴天皇明記
9月20日　天皇メッセージ、米軍の沖縄長期駐留を望む

1948年8月15日　大韓民国（韓国）樹立

1949年9月9日　朝鮮民主主義共和国（北朝鮮）樹立
10月1日　毛沢東、中国共産党国家樹立
1949年12月7日　蒋介石、中華民国政権台湾にて樹立
1950年6月25日　朝鮮戦争勃発
1952年4月28日　サンフランシスコ平和条約と日米安保条約発効、沖縄が切り離される「屈辱の日」
3月2日　直接選挙で立法院議員選挙が実施
4月1日　琉球政府発足
5月1日　皇居前広場「血のメーデー」事件
1953年7月27日　朝鮮戦争休戦
1953年12月25日　奄美群島本土復帰
1959年6月30日　沖縄宮森小学校米軍墜落事故
1960年1月19日　日米安全保障条約締結
4月28日　沖縄復帰協結成
1961年6月18日　全沖縄軍労働組合連合会（全軍労）結成
1964年8月　トンキン湾事件を機にアメリカ、ベトナム直接介入
1965年2月7日　米軍ベトナム北爆開始
4月24日　べ平連結成

1966年6月22日　新国際成田空港建設反対三里塚闘争勃発
1967年2月24日　沖縄教公二法阻止闘争事件
10月8日　羽田闘争、沖縄学生逮捕
1968年1月24日〜4月15日　米軍基地北区王子野戦病院開設阻止闘争
5月27日　日大全共闘発足
6月26日　小笠原諸島本土復帰
7月5日　東大全共闘発足
11月19日　B52嘉手納基地墜落事故
11月　海邦研究会発足
11月10日　「即時無条件全面返還」を掲げた屋良朝苗、第一回琉球政府行政主席（知事）選挙当選
1969年1月18日〜19日　東大安田講堂攻防戦
4月27日　破壊活動禁止防止法（破防法）で中核派書記長本多延嘉逮捕
4月28日　沖縄デー「70年沖縄安保闘争の大規模な前哨戦」
7月　沖縄闘争学生委員会（沖闘委）発足
8月14日　全学連嘉手納基地突入闘争
9月5日　全国全共闘結成大会
11月9日　全学連那覇軍港強行上陸

11月14日　狭山事件実力糾弾「全国学生部落研」関西部、浦和地裁占拠闘争
11月16日　佐藤訪米阻止闘争に参加、海邦メンバー3名逮捕
11月19日　沖縄返還協定・佐藤ニクソン会談
1970年2月　海邦から沖青委へ組織替え
7月8日　富村順一東京タワー占拠事件
6月23日　日米安保条約自動延長
7月　沖青委海邦派と沖青委（中核系）に分裂
11月25日　三島由紀夫、市ヶ谷事件
12月20日　コザ暴動
1971年2月24日　天皇訪欧記事掲載される
4月28日　新宿沖縄料理店「西武門」で皇居突入決定会議
8月15日　石神井ホテル作戦会議
9月25日　坂下門騒乱事件「皇居突入」
10月19日　沖縄青年同盟（沖青同）国会爆竹
11月10日　沖縄14万6500人ゼネスト
11月14日　渋谷暴動「中核派活動家による火炎瓶事件」
1972年3月　皇居突入A少年判決
5月15日　沖縄返還、祖国復帰

１９７３年　　　　沖縄解放同盟（沖解同）準備会結成
１９７４年１月14日　破防法弁護団農林厚生年金会館襲撃事件
１９７５年２月11日（建国記念日）国士舘大襲撃事件
　　　　　３月14日　中核派本多書記長の死（暗殺事件）
　　　　　３月25日　坂下門騒乱事件「皇居裁判」判決
　　　　　４月30日　サイゴン陥落、ベトナム戦争終結
　　　　　７月２日　ベトナム社会主義共和国成立
　　　　　７月17日　沖解同、ひめゆり火炎ビン事件
１９７７年９月28日　ダッカ事件
１９８７年10月６日　日の丸焼き捨て事件
１９８９年１月７日　昭和天皇崩御
１９９３年（平成５年）４月23〜26日　天皇（明仁）として沖縄初訪問＊

＊復帰後21年目、平成も五年目にして実現した天皇の沖縄訪問です。
＊１９４５年敗戦から48年かかったということです。

参考文献

江藤淳編集『占領史録第三巻憲法制定経過』（講談社）一九八二年
進藤榮一編『芦田均日記』第一巻（岩波書店）一九八六年
木下道雄『側近日誌』（文藝春秋）一九九〇年
エズラ・F・ヴォーゲル著『ジャパン アズ ナンバーワン：アメリカへの教訓』（TBSブリタニカ）
一九七九年
朴根好著『韓国の経済発展とベトナム戦争』（御茶ノ水書房）一九九三年
山城幸松著『沖縄を蝕む「補助金中毒」の真実』（宝島社新書）二〇一七年
昭和天皇『「アメリカ訪問を終えて」日本記者クラブ』一九七五年 皇居「石橋の間」議事要旨
小山弘健著『戦後日本共産党史』芳賀書店 一九六六年
アイスバーグ作戦計画書 一九四五年一月六日（沖縄公文書館）
中野好夫・新崎盛暉編『沖縄戦後史』（岩波書店）一九七六年
ジョージ・ファイファー『天王山―沖縄戦と原子爆弾』（早川書房）一九九五年。
防衛庁防衛研修所戦史室編『沖縄方面海軍作戦』（朝雲新聞社）一九六八年。
八原博通編『沖縄決戦 高級参謀の手記』（読売新聞社・中公文庫）一九七二年

参考文献

ジェームス・H・ハラス著『沖縄シュガーローフの戦い・米海兵隊地獄の七日間』（光人社文庫）二〇一〇年
『沖縄市町村三十年史上巻通史編』昭和五八年発行
井上亮著『忘れられた島々「南洋群島」の現代史』（平凡社新書）新書 二〇一五年
中嶋弓子著『ハワイ・さまよえる楽園』（東京書籍）一九九三年
アメリカ陸軍省編 外間正四郎訳『沖縄―日米最後の戦闘』（光人社）二〇〇六年
田里修著「杣山」「杣山問題」『沖縄大百科事典』（沖縄タイムス社）一九八三年
多々良紀夫氏著『LARA～救援物資は太平洋を超えて』一九九九年
伊江島の戦い『琉球新報二〇一〇年一月二三日「戦禍を掘る 出会いの十字路」』記事
佐野眞一著『沖縄　だれにも書かれたくなかった戦後史』（集英社）二〇〇八年
沖縄青年委員会　機関紙「海邦」一九七〇年
山城幸松著『沖縄青年委員会 五・一五体制粉砕・沖縄奪還』（新南陽社）一九七三年
松本清張著雑誌「世界」『昭和史発掘1　北原二等卒の直訴』文春文庫、一九六五年
矢部貞治著『近衛文麿』（弘文堂）一九五二年
不破哲三著『スターリン秘史――巨悪の成立と展開（五）大戦下の覇権主義』（新日本出版二〇一五年
マッカーサー・アイゼンハワー書簡（天皇の戦犯除外に関して）一九四六年一月二五日米国国立公文書館

進藤榮一著『分割された領土――沖縄、千島、そして安保』（雑誌「世界」岩波書店）一九七九年
半藤一利・御厨貴・磯田道史・保坂正康著『「昭和天皇実録」の謎を解く』（文春新書）二〇一五年
寺崎英成著『昭和天皇独白録』（文春文庫）一九九五年
上原卓著『北海道を守った占守島の戦い』（祥伝社新書）二〇一三年
児島襄著『マッカーサー』元帥トノ御会見録」として（文藝春秋）（昭和五〇年一一月号）
外務省編『第一回天皇・マッカーサー会見の「公式記録」』
日本戦没学生記念会編『きけ　わだつみのこえ―日本戦没学生の手記』（岩波文庫）一九九五年
儀同保著『ある沖縄戦　慶良間戦記（「戦争と平和」市民の記録）』（日本図書センター）一九九二年
知念功著『ひめゆりの怨念火《いにんび》』（インパクト出版会）一九七九年
佐々淳行『菊の御紋章と火炎ビン―』（文芸春秋）二〇〇九年
櫻澤誠著『沖縄現代史』（中公新書）二〇一五年
白井聡著『国体論』（集英社新書）二〇一八年

〔著者紹介〕
山城幸松（やましろ　こうまつ）
1947年沖縄県那覇市生まれ。琉球政府立小禄高校（第一期卒）。明治大学政治経済学部中退。現在、琉球島嶼文化協会 代表理事。
著書として『沖縄を蝕む「補助金中毒」の真実』(宝島新書)、『日本「帝国」の成立』(共著日本評論社)などがある。

菊《きく》に挑《いど》んだ沖縄《おきなわ》——天皇《てんのう》の捨《す》て子《ご》〝沖縄《おきなわ》〟を生《い》きる

2018年12月25日　初版発行　　定価は、カバーに表示してあります

著　者　山城幸松
発行者　竹内淳夫

発行所　株式会社　彩　流　社
〒102-0071　東京都千代田区富士見2-2-2
TEL 03-3234-5931 FAX 03-3234-5932
ウェブサイト　http://www.sairyusha.co.jp
E-mail　sairyusha@sairyusha.co.jp

印刷　明和印刷(株)
製本　㈱村上製本所
装幀　藤　縄　大

乱丁本・落丁本はお取り替えいたします。　ISBN 978-4-7791-2533-1 C0030